I0083289

Les Chroniques

des pays

de Rémollée et de Thor

I . K⁷
14156 bis

PARIS. — TYPOGRAPHIE DE CH. MEYRUEIS

13, rue Cujas. — 1869

CHÂTEAU DE ST PRIX
1690

THᴿᴱ ALIGNY

THᴿᴱ ALIGNY

CHÂTEAU DE ST PRIX
1869

Les Chroniques

des pays

de Rémollée et de Thor

(Basse forêt de Montmorency
Saint-Leu-Taverny, Saint-Prix, Montlignon
Bouffémont-Ermont, etc.)

par

Lucien Double

avocat à la Cour impériale de Paris

NOUVELLE ÉDITION REVUE ET AUGMENTÉE

PARIS
TYPOGRAPHIE DE CH. MEYRUEIS
13, RUE CUJAS, 13
—
1869

Les Chroniques

des pays

de Rémollée et de Thor

I

Origines du pays de Rémollée.

Bien avant que la France fût France, alors que les Burchard n'étaient que les seigneurs de l'île Saint-Denis, et qu'à la place de leur tour de Montmorency coulait, solitaire encore, la fontaine de Saint-Valery, le pays de Rémollée portait depuis longtemps déjà ce nom, qu'il devait à une peuplade de Gaulois, les Rémolléenses, détruits peu à peu par la conquête romaine. Le pays de Rémollée, c'était cette partie de la forêt qui s'étend de Saint-Prix et de Saint-Leu à Bouf-fémont et à Chauvry, et qui aujourd'hui est séparée

du reste des bois de Montmorency par la grande route
qui va de la station d'Ermont à Moisselles, en traver-
sant Montlignon.

Ce n'est plus maintenant qu'une forêt déserte dont
le silence n'est troublé que rarement par quelques ca-
ravanes de Parisiens venus des coteaux déjà éloignés
de Montmorency, dont les éclats de rire doivent réveiller les ombres indignées des vieux druides des Rémolléenses.

C'était une brave petite tribu, que ces gens de Rémollée, et leur caractère semblait avoir pris aux vieux
chênes de leurs collines quelque chose de leur âpreté;
il ne fallut pas moins que César, que deux camps de
légionnaires, l'un à Taverny, l'autre à Bouffémont,
c'est-à-dire aux deux extrémités de leur territoire, pour
les soumettre au despotisme des Romains, pour leur
ravir leur liberté; et quand ils cessèrent d'être libres,
ils cessèrent d'exister. Sans doute il y eut alors dans
cette forêt, à présent si tranquille, des luttes longues et
acharnées, des batailles épouvantables, mais les chroniques sont muettes à ce sujet, et le pauvre petit pays
de Rémollée n'a pas encore eu d'historien. Un camp
romain devenu guinguette, quelques fragments d'é-
pées gauloises et de glaives romains, en bronze verdi
par les années, voilà tout ce qui reste pour retracer à
notre esprit cet humble épisode de la guerre des Gaules,
guerre aussi fatale aux Romains qu'aux Gaulois, puis-

que chez les uns elle amena la ruine de l'indépendance nationale, et chez les autres l'établissement de l'empire.

La destruction des Rémolléenses est donc accomplie; les seuls habitants du pays sont des Romains, gens frileux par tempérament, qui cherchent bien le voisinage des forêts pour y faire du bois, mais qui n'aiment guère à y résider; aussi tous les colons se pressent-ils autour du camp romain, assis sur les limites de la forêt, au-dessus de la vallée. Or, quel est l'établissement dont le besoin se fait le plus généralement sentir auprès d'un camp? C'est le cabaret; de plus, les gouvernements ont toujours regardé d'un œil favorable les cabarets qui de tout temps ont payé patente. Le camp veut un cabaret; il en aura trois! Et voilà le village des trois cabarets, *trium tabernarum*, définitivement créé.

Mais pendant que Taverny se fonde et se peuple, le pays de Rémollée reste désert, les bêtes fauves s'y multiplient et en font un véritable parc de chasse. Ce fut du moins l'avis d'Ebroïn, maire du palais sous Clotaire III, qui s'appropria le pays, après l'avoir confisqué sur quelques pauvres diables, derniers restes des Gaulois, qui vivaient épars dans les bois. Du reste, Ebroïn se montra bon prince; il donna quelques arpents de terre, surtout autour de Taverny, à plusieurs seigneurs de ses amis, soit en pleine propriété, soit simplement à titre précaire : l'histoire a conservé le nom de deux de ces seigneurs : l'un s'appelait Frodoïn, l'autre Jehan de Taverny. Plus tard, après avoir dévasté nombre de provinces, saccagé vingt ou trente villes, et fait périr Dieu sait combien d'honnêtes gens, un jour qu'il se trouvait malade, Ebroïn, écoutant les sages avis de son ami Ouen, évêque de Rouen, fit donation à l'abbaye de Saint-Denis d'une partie des terres de Rémollée (la partie sud autour de Taverny).

Cependant les Burchard s'étaient établis sur leur coteau de Montmorency, et ils possédaient, soit directement, soit par suzeraineté, tout le pays de Rémollée; en vain l'abbé de Saint-Denis voulut-il lutter, il lui fallut céder, et reconnaître la suzeraineté du baron de Montmorency sur le bois de Taverny, qui était tout ce que l'abbaye avait pu conserver des donations de son bienfaiteur Ebroïn. Vers la même époque, tout le sud-ouest de Rémollée était l'apanage des Tirel, famille de Pontoise qui joua un certain rôle dans la conquête de l'Angleterre par le duc Guillaume le Bâtard. Hugues Tirel, chevalier, seigneur de Foix, d'Ezanville, avait accompagné Guillaume en qualité de chambellan, et l'avait fidèlement servi jusqu'à sa mort. Mais en 1087, le fils d'Hugues, Gauthier ou Walter, un jour qu'il était à la chasse, tua d'un coup de flèche, ou maladroit ou trop adroit, Guillaume le Roux, le fils du Conquérant. Grâce au trouble qu'amena cet événement, le meurtrier échappa et put se retirer à Pontoise auprès de son père le vieil Hugues. Sans doute que les Tirel eurent des remords (ce qui, à une époque où l'on n'était pas scrupuleux, indiquerait que la mort de Guillaume le Roux ne fut pas l'effet du hasard); car, en 1109, ils firent don de tout ce qu'ils possédaient près de Bouffémont en Rémollée, *quidquid habebant apud Boffelmontem in regione dicta Rémollu* (sic), aux religieux de Saint-Martin des Champs de Paris, déjà possesseurs de l'église et du prieuré de Dòmont. Les bois donnés par les Tirel furent le dernier endroit de la forêt qui porta le nom de Rémollée. Mais comme ils étaient un peu éloignés de Dòmont, les religieux de ce prieuré les donnèrent, en 1170, à Adam de Villiers, seigneur de Villiers et de l'Ile-Adam, en échange du Champ-Mainard et d'un étang aujourd'hui disparu, qui se trouvaient tout près des murs de Dòmont. Le tout fut approuvé par le sire de Montmorency, de qui relevait le bois de Rémollée.

En 1253, tout le pays de Rémollée est incorporé à la baronnie de Montmorency; un couvent et un château se sont élevés sur l'emplacement de l'ancien village de Rémollée; un seul fief, à l'est de la forêt, appartient encore aux Tirel, mais Hugues Tirel, dernier seigneur de cette famille, ne porte plus comme ses aïeux le titre de sire de Rémollée. Rémollée a pour ainsi dire perdu son existence légale; ce n'est plus qu'une des principales parties de la baronnie de Montmorency, dont le nom, jeune alors et tout rayonnant de gloire, fait oublier tous les autres. L'ancien nom ne se rencontrera désormais que dans quelques chartes écrites par de vieux moines, comme nous amoureux des temps passés et dégoûtés des temps présents.

Les principaux propriétaires qui se partagent actuellement le pays de Rémollée sont : la Compagnie d'assurances générales sur la vie (Saint-Leu et Taverny); M. de Courcy (Saint-Leu); M. Double (Saint-Prix); M. Brincart (Chauvry), et M. Corbin (Montlignon et Bouffémont).

La surveillance des bois était, au quinzième siècle, confiée à deux gruyers : le premier portait le titre de gruyer de Montlignon ; il était nommé par le baron de Montmorency. La seconde charge de gruyer était possédée à titre héréditaire par le seigneur de Chauvry.

II

Histoire du prieuré du Bois-Saint-Père
(Sainte-Radegonde).

Il y a dix-huit siècles, au centre de la forêt, au milieu d'étangs et de marécages, sous l'ombre des chênes sacrés, gisaient, éparses dans les roseaux, quelques huttes gauloises, au toit conique, à l'entrée basse
et étroite ; c'était le village de Rémollu, le cœur du
pays, l'habitation des druides et des vieillards. Quand
les Gaulois furent vaincus par les Romains, et que l'é-
pée des légionnaires eut moissonné et les druides et
le gui sacré, un autel à Jupiter et à Mars s'éleva sur
l'emplacement des dolmens, des pontifes succédèrent
aux druides, et les échos qui avaient répété le chant
des bardes retentirent des hymnes des Romains célé-
brant la puissance éternelle des seuls dieux véritables,
de ceux que protégeait Rome. Quelques siècles plus
tard, de Rome, de ses dieux et de sa puissance, il ne

restait plus qu'un souvenir déjà lointain; une nouvelle race et une nouvelle religion dominaient dans
l'Europe entière, et quelques hommes courageux
étaient venus en ce même endroit planter sur les dé-
bris de l'autel païen la croix de bois, de gibet infa-
mant devenue touchante relique!

Bientôt, grâce aux libéralités des sires de Montmorency, l'ermitage fut remplacé par un riche prieuré
où des moines de l'ordre de Saint-Victor prièrent pour
leurs bienfaiteurs, les premiers barons chrétiens.
Aujourd'hui tout a disparu, le dolmen celtique, l'autel
romain, le couvent chrétien! Le temps, ce grand
destructeur des monuments et des divinités, n'a rien
épargné; il n'y a même plus de ruines (*etiam periere
ruinæ!*).

Et cependant ce petit coin de terre ignoré eut des
jours de splendeur; le couvent n'était pas seul; à quelque distance les Montmorency avaient édifié un de leurs
plus fiers manoirs, le château de la Chasse-Momey,
qui a donné son nom à cette partie de la forêt. Du
château il ne reste plus maintenant que quatre tours
décapitées, méconnaissables, et entre les parois des-
quelles s'est blotti un cabaret. Toutefois le château
de la Chasse, malgré sa décadence actuelle, a ses titres
de noblesse bien en règle, et il peut se glorifier d'avoir
donné plus d'une fois de l'ouvrage aux chroniqueurs;
mais comme toujours clergé passe avant noblesse,

nous allons, avant de célébrer les hauts faits du manoir, raconter l'histoire du monastère.

C'est dans un acte de 1154 que nous trouvons pour la première fois le nom du couvent du Bois-Saint-Père; cet acte est une donation de cent sols de rente sur le clos de la terre de Saint-Marcel-les-Saint-Denis. Ces cent sols devaient être employés à l'éclairage et au chauffage du couvent. En 1160 Burchard fit réparer les constructions du prieuré; néanmoins les moines ne semblent guère s'y plaire, car Burchard, dans une lettre adressée en 1169 à Ericius, abbé de Cîteaux, chef de l'ordre de Saint-Victor, se plaint de ce que les religieux qu'on lui avait envoyés pour occuper le couvent se sont enfuis et qu'ils ont emporté avec eux les vases sacrés et les ornements d'or et d'argent, ce que ledit Burchard paraît trouver profondément immoral, craignant que ces objets n'aient été fondus et que le produit de la fonte n'ait été employé d'une manière peu édifiante. L'abbé de Cîteaux, pour complaire au baron de Montmorency, envoya d'autres moines de goûts plus sédentaires, et Burchard, qui avait craint un instant de rester avec son monastère sur les bras, s'empressa de faire don de plusieurs arpents de bois aux nouveaux venus dans l'espérance de les attacher encore davantage à leur séjour. Seulement, il avait déjà, quelques années auparavant, donné justement ces mêmes bois à l'abbé de Saint-Denis, qui pendant longtemps les réclama, mais en vain. Il est cependant juste d'ajouter que quand Burchard se vit au lit de mort, il se repentit et chargea son frère Hervé de restituer à l'abbaye de Saint-Denis tout ce qu'on lui avait enlevé, et de donner en échange aux religieux du Bois-Saint-Père cinq sols de rente à prendre sur le cens de Sarcelles.

Si l'on a la patience de lire la liste des donations faites au couvent du Bois-Saint-Père (voir Duchesne, *Hist. de Montmorency*), on trouvera qu'en 1240 nos moines étaient bien pourvus de vin, de blé, de bois et même de porcs; mais il leur manquait, afin de vivre heureux, une chose bien importante pour des gens qui devaient souvent faire maigre : du poisson. Aussi les voyons-nous solliciter d'un seigneur des environs, Pierre de Montlignon, enterré dans l'église d'Ermont, le droit de pêcher dans l'étang de Montlignon. Ce seigneur, qui sans doute n'aimait pas le poisson, le leur accorda du reste fort gracieusement.

Nous allons donner une idée du prieuré tel qu'il était à cette époque, qui fut le véritable moment de sa splendeur. Les bâtiments occupaient à peu près le même emplacement que les bâtiments actuels de Sainte-Radegonde; à la place de la maison du garde était la demeure du prieur : à l'ouest, séparée par une grande cour, était l'église, construction assez vaste dont l'entrée principale se trouvait au sud en face d'un petit étang qui n'existe plus, et que formait le ruisseau de Sainte-Radegonde, barré en cet endroit. L'église était réunie à la maison du prieur du côté de Bouffémont, au nord, par une série de constructions s'ouvrant sur la cour intérieure, et qui renfermait plusieurs cellules pour les moines; du côté du midi, par un mur crénelé, percé d'une grande porte donnant sur une route qui venait du château de la Chasse, longeait le côté sud du couvent, et rejoignait un autre chemin qui conduisait à Bouffémont : c'était ce qu'on appelait *bivium Boffelmontis*. En face du couvent, de l'autre côté du chemin, à la place qu'occupent aujourd'hui les défrichements où se trouvent les sépultures de la famille Bosc, s'étendaient une vaste oseraie et un bois d'aunes que les moines avaient soin de couper souvent, afin de jouir des rayons du soleil fort nécessaires assurément ; car l'endroit a dû toujours être très-humide. A quelques centaines de pas du couvent, une grande croix de pierre marquait la place où un moine était tombé sous la flèche de Robert de Piscop, qui un jour, dans une chasse au sanglier, l'avait pris pour une bête fauve et l'avait tué sans mauvaise intention, *sine ulla prava mentis intentione*, dit la chronique. L'église était très-richement ornée; on y voyait plusieurs lampes de vermeil qui avaient été données par un Burchard, et une riche garniture d'autel, présent d'Hervé de Montmorency, seigneur de Marly.

Malheureusement, à l'époque où le prieuré était si
florissant, on était en pleine guerre de Cent ans, et
c'était un moment où il n'était pas prudent d'être riche
si on voulait être tranquille.

Or, il arriva qu'en 1429, les Anglais, repoussés
par les Orléanais, vaincus par Jeanne d'Arc, et harcelés
de tous côtés par les paysans, se répandirent en grande
quantité dans les environs de Paris, la principale place
qui leur fût restée fidèle. Une de leurs bandes, comme
nous le verrons dans l'histoire de Thor, s'était pré-
sentée sous les murs de Rubelle, et en avait été re-
poussée par le seigneur Simon Morrhier. Les Anglais ne s'entêtèrent pas à faire le siége du château
de Rubelle, où il y avait plus de coups à craindre que
de butin à espérer; ils se dirigèrent immédiatement
vers le prieuré du Bois-Saint-Père, en enfoncèrent
les portes et se mirent tranquillement à piller, malgré les cris des moines, avec la conscience paisible
de gens dont les descendants devaient se faire pro-
testants. Il faut croire que les moines crièrent bien
fort, car le bruit de leurs lamentations parvint jusqu'au chevalier Morrhier, le seigneur de Rubelle.
Morrhier, venait justement de voir arriver à son aide
plusieurs seigneurs de ses amis. Il se hâta de les con-
duire au secours du prieuré, et voilà que tout à coup
nos braves Anglais, qui s'occupaient à serrer leurs
bagages, aperçurent à travers le feuillage à quelques

pas d'eux trois bannières dont la vue les surprit désagréablement. La première représentait six coquilles d'argent en champ de gueules; c'était celle du seigneur de Rubelle; la seconde un lion d'argent en champ d'azur; c'était celle de Lancelot Turpin, seigneur de Chauvry du chef de sa femme, et banneret de Montraveau; la troisième portait trois épis d'or en champ d'azur; elle appartenait à messire Philippe d'Orgemont, seigneur de Méry, Mériel et Montubois. Avant qu'ils eussent le temps de se reconnaître, les Anglais furent chargés et mis en pièces : le butin fut repris, et les moines consolés entonnèrent le *Te Deum*.

A partir de cette bienheureuse bataille, le couvent se cache et ne fait plus parler de lui; ce n'est qu'en 1541 que nous retrouvons le nom d'un prieur du Bois-Saint-Père, Jean Simonis, dont parle Dubreuil dans les *Antiquités de Paris*. Jean Simonis eut pour successeur Nicolas Baudoin, qui eut l'honneur de faire différentes affaires, entre autres un échange de terrain et de maison, avec l'illustre famille des Patrouillard nos bons amis [1]. Dans ce temps-là les revenus du prieuré s'élevaient à quinze cents livres, somme assez forte pour le seizième siècle; mais ils diminuèrent petit à petit, et, à partir de 1630, le prieuré ne put plus subvenir qu'à l'entretien d'un seul religieux qui garda le titre

---

1. Voir *Histoire de Saint-Prix (Thor)*.

de prieur. Dès lors les bâtiments du monastère tombèrent en ruines, les prieurs préférant au séjour du Bois-Saint-Père, la maison qu'ils possédaient à Saint-Prix. Plusieurs ne résidèrent même pas à Saint-Prix ; cependant M. de Lattaignant, frère d'un poëte très-jovial quoique conseiller au parlement en 1700, fit faire au prieuré quelques réparations, et l'habita constamment ; cet abbé de Lattaignant n'était pas ennemi d'une honnête gaieté et nous possédons une anthologie galante du dix-huitième siècle, provenant de la célèbre Justine Favart, qui renferme quelques chansons du prieur du Bois-Saint-Père ; à en juger par ses œuvres, le Rév. Père était fait pour être, non moine, mais templier.

Nous allons citer, comme curieux échantillon de ce qu'un abbé pouvait décemment se permettre sous le règne de Louis XV, une des chansonnettes de M. de Lattaignant : il va sans dire qu'elle est convenable ; c'est à peu près la seule de tout le recueil :

1.

J'aime beaucoup mon cabinet,
Je passe en ce réduit secret
Plus de la moitié de ma vie,
Mais ne crois pas, pauvre idiot,
Que là je lise ou j'étudie.
Non, non, je ne suis pas si sot.

2.

Ce n'est Descartes, ni Newton,
Ni Virgile, ni Cicéron,
Ce n'est Socrate, ni Sénèque,
Ni Platon, surnommé divin,
Qui forment ma bibliothèque,
Mais force liqueurs et bon vin.

3.

Thémire, dont je suis la loi,
Vient philosopher avec moi.
Le spectacle de la nature,
Que tour à tour nous nous prêtons,
Y fait notre unique lecture;
Nuit et jour nous le feuilletons.

4.

Entre nous deux jamais d'ergo
Ni de sophisme en Baroco,
Nous laissons ces vaines sciences,
Et nous tirons tout simplement
Nos preuves et nos conséquences
Du fond même du sentiment !

5.

Sans alambiquer des secrets
Métaphysiques, trop abstraits,
C'est en consultant la nature
Que nous allons à son auteur,
Et dans la belle créature,
Nous admirons le Créateur.

Toutes les autres chansons sont sur le même ton, seulement un peu plus monté : l'auteur en veut surtout à la fidélité, à la constance, bref à toutes les vertus :

> Non, la fidélité
> N'a jamais été qu'imbécillité ;
> Serment répété,
> Puérilité ! Etc., etc.

Peut-être le pauvre abbé avait-il en son jeune temps éprouvé que la fidélité ne sert pas à grand'chose en ce bas monde, peut-être fut-ce à la trahison de quelque belle infidèle que l'Eglise dut cet édifiant prieur. Peut-être aussi l'abbé de Lattaignant trouvait-il du dernier galant de passer pour inconstant et volage, et n'était-ce après tout qu'un brave homme d'abbé, fidèle, et des plus fidèles encore, à Marton, sa gouvernante, dame et maîtresse du logis, d'abord par droit de conquête, plus tard par droit d'habitude.

Le dernier des prieurs du Bois-Saint-Père fut M. Tourton qui en 1789 en retirait trois cents livres. A la révolution, le prieuré fut confisqué, on rasa la plupart des bâtiments, et il ne resta qu'un petit corps de logis qui sert aujourd'hui de logement de garde et qu'on appelle communément Sainte-Radegonde, du nom d'une petite chapelle élevée contre les murs du couvent par les soins d'une abbesse de Chelles. Le Bois-Saint-

Père possédait, dit-on, une riche collection de documents anciens, nombre de pièces originales signées par les Montmorency; mais les commissaires de la république, avec l'intelligence qui a toujours caractérisé cette institution, vendirent au poids à plusieurs épiciers des environs toutes les chartes et tous les vieux titres qui formaient les archives du couvent.

Ce fut dans cet humble logis de Sainte-Radegonde, au milieu de ruines et de décombres, que trois illustres révolutionnaires, Bosc, La Réveillière-Lépaux et Roland, proscrits par Robespierre, vinrent chercher un asile que la crainte leur faisait partout refuser. Là, déguisés en paysans, osant à peine se montrer, ils seraient morts de faim sans l'aide de Bosc, qui en sa qualité de botaniste, parvint à découvrir certaines racines qui servirent à les soutenir. Il y avait déjà quelques jours qu'ils vivaient ainsi misérablement à Sainte-Radegonde, lorsqu'un soir un orage épouvantable éclata; réunis autour d'un bon feu, les trois amis entendaient gronder la foudre et tomber la pluie avec ce plaisir égoïste du sage à l'abri, que Lucrèce a si bien dépeint. Tout à coup on frappe à la porte : sans doute quelque campagnard égaré, surpris par la tempête, qui réclame l'hospitalité : Bosc s'empresse d'ouvrir, un homme entre, c'est Robespierre. Un caprice du sort venait de réunir les trois proscrits et le bourreau.

2

A peine entré, Robespierre avait bien reconnu
les trois Girondins, malgré leur rustique costume ;
mais il était seul, loin de toute habitation, et il eut l'air
d'être dupe de leur déguisement. Il expliqua à ces pré-
tendus paysans, qu'habitant l'ermitage de Montmorency, il s'était égaré en rêvant (probablement au
bonheur de l'humanité). Néanmoins, il régnait un
certain froid dans la société; la conversation était
languissante; heureusement l'orage cessa, et malgré
les invitations de ses hôtes qui, espérant n'avoir peut-
être pas été reconnus, voulaient, pour mieux jouer
leur rôle, le retenir à souper, Robespierre s'en alla
d'un pas rapide jusqu'à ce qu'il eut aperçu les premières maisons de Montmorency; alors il se remit à
rêver (toujours sans doute au bonheur de l'humanité).
Le lendemain matin, Roland et La Réveillière, qui
redoutaient fort une seconde visite, quittèrent les
ruines de Sainte-Radegonde. Bosc seul voulut y rester,
et personne ne l'y inquiéta ; car les terribles événements qui se succédèrent sans interruption jusqu'au
9 thermidor ne laissèrent pas à Robespierre le temps
de penser à la soirée de Sainte-Radegonde.

III

Si nous en croyons Eginhard, dans la vie de Charlemagne, le château de la Chasse, *castellum de Chacia*, jouissait de la réputation d'une forteresse presque imprenable, grâce à un double rang de fossés qu'alimentaient plusieurs rapides cours d'eau. André Duchesne compte parmi les titres de gloire de la maison de Montmorency la possession *d'un vieil chasteau avec doubles fossés, qu'on nomme le chasteau de la Chasse.* C'est le nom qu'il porte encore. Certes, à le voir aujourd'hui, on ne se douterait pas qu'il fut choisi, en 1207, par Mathieu de Montmorency, connétable de France, comme le plus brillant de ses manoirs pour y donner une fête à l'occasion de l'investiture des fiefs de Bouffémont et de Bois-Tirel, accordée au comte de Saint-Pol par le roi de France Philippe-Auguste. Le connétable, chargé par le roi de le représenter à cette cérémonie, reçut le serment du nouveau feudataire en présence du comte de Beaumont et du célèbre Simon de Montfort. Ces seigneurs restèrent quelque temps au château de la Chasse, charmés par la grande abondance de gibier qu'on trouvait alors aux alentours.

En 1392, Jacques, baron de Montmorency, éleva dans le parc du château de la Chasse deux tuileries et un hôtel pour sa mère, la dame de Villers; ces constructions furent brûlées, en 1429, par les Anglais, qui pillèrent le couvent du Bois-Saint-Père. Mais laissons de côté ces détails peu intéressants, et arrivons à un événement célèbre dans l'histoire de la féodalité, qui eut pour théâtre le château de la Chasse.

Le château de la Chasse fut la demeure habituelle des deux fils que le baron Guillaume de Montmorency avait eus de son mariage avec la demoiselle de Fosseux, héritière d'un des grands noms et d'une des grandes fortunes de la Flandre. L'aîné de ces deux enfants, Jean, seigneur de Nivelle du chef de sa mère, possédait Saint-Leu, Thor et le Plessis-Bouchard, par donation paternelle; le second s'appelait Louis: il avait pour apanage la baronnie de Fosseux, dont il prit le nom. On nous pardonnera de donner ici quelques détails sur Jean de Nivelle, et de tâcher d'excuser un peu sa conduite, qui ne fut pas, en somme,

aussi blâmable qu'on peut le croire. Jean de Nivelle
avait perdu sa mère de bonne heure; son père, Guillaume de Montmorency, n'était pas précisément ten-
dre, et de plus, il s'était remarié avec une jeune fille
de la maison d'Orgemont. De ce mariage était né un
fils, Guillaume, qui, à cause de sa docilité et sa mère
aidant, était vite devenu l'enfant favori du vieux baron. D'un autre côté, Jean de Nivelle, arrivé à l'âge
d'homme, maltraité par sa marâtre, jouissant, grâce à
l'héritage de sa mère, de riches seigneuries dans les
Pays-Bas, devait nécessairement montrer moins de docilité qu'un tout jeune homme comme Guillaume. En
outre, il y avait entre le père et le fils un autre motif
de dissension, motif puissant et qui a bien souvent
causé des brouilles dans les familles: la politique. Le
baron de Montmorency était le fidèle serviteur et l'ad-
mirateur convaincu du roi Louis XI. Jean de Nivelle,
au contraire, s'était franchement rallié au parti du
plus mortel ennemi du roi de France, au parti du duc
de Bourgogne, Charles le Téméraire, suzerain de la
seigneurie de Nivelle. Et certes, il ne faut pas croire
que ce fut simplement pour le plaisir de contrarier un
père dont il croyait avoir à se plaindre, ni pour conserver ses domaines de Flandre, que Jean s'était attaché
à la fortune de Charles de Bourgogne; mais on doit reconnaître que le chevaleresque grand-duc de l'Occi-
dent, le lion de Flandre, était un maître plus séduisant

pour un homme jeune et brave que Louis XI, ce vieux roi malingre et mauvais, ce déloyal renard de France, maître fort convenable pour un Olivier le Daim, mais nullement pour un Montmorency. Aussi, lorsque la guerre éclata entre la France et la Bourgogne, et que le vieux Guillaume eut ordonné à son fils de rejoindre l'armée royale, il devait bien s'attendre à ce qui arriva, c'est-à-dire à la défection de Jean, qui, au lieu de suivre les chefs chargés par Louis XI de diriger l'expédition contre la Bourgogne, alla immédiatement se ranger au milieu des chevaliers que Charles le Téméraire conduisait lui-même au combat.

Le baron de Montmorency et sa femme furent probablement enchantés de ce qu'ils appelèrent la trahison de l'aîné de leur famille, car ils en profitèrent immédiatement pour déshériter, au profit de leur enfant chéri, et Jean de Nivelle et son frère Louis de Fosseux.

Et ce fut au château de la Chasse qu'en présence d'une députation du parlement de Paris, le baron de Montmorency, voulant sans doute imiter l'exemple de Brutus, demanda et obtint, *attendu la détestable trahison de messire Jehan,* la permission de transférer tous les droits de son fils aîné sur la tête de ce Guillaume, qui était resté fidèle à son père et à son roi, ce qui prouve qu'ici-bas la vertu est toujours récompensée.

Mais il faut croire que le vice ne l'est pas moins,

car Jean de Nivelle fonda une des plus grandes maisons des Flandres, maison qui s'éteignit en la personne du comte de Horn, décapité par ordre de Philippe II d'Espagne. Quelques années plus tard, les deux branches de Montmorency descendant de Guillaume devaient finir de la même façon; on sait que le duc Henri II de Montmorency et que son cousin le comte de Montmorency-Boutteville périrent tous les deux sur les échafauds de Richelieu. C'est, du reste, le sort ordinaire des familles qui, par leur puissance ou leur illustration, s'approchent trop près des trônes.

Nous venons de voir que Guillaume de Montmorency avait fait passer sur la tête de son troisième fils les droits de son fils aîné; ces droits auraient dû revenir au puîné Louis; mais on profita de l'occasion : le parlement était là, le roi était bien disposé, et on déshérita du même trait de plume le second fils comme le premier. Du reste, si Jean de Nivelle mérite quelque intérêt, Louis de Fosseux n'est digne d'aucune pitié; c'était le type du mauvais escholier du temps jadis, querelleur, ivrogne, grand amateur de tripots et de mauvais lieux, bref un franc vaurien. Entre autres gentillesses, il avait débuté à l'Université, à l'âge de quinze ans, par assassiner un de ses camarades.

A la suite de ce bel exploit, il s'était réfugié dans une abbaye appartenant à sa famille, où il passa trois années *en grande misère et nécessité;* mais comme il était bien jeune, et qu'après tout la vie d'un homme, sous le règne de Louis XI, n'avait pas grande valeur, son père obtint facilement pour lui des lettres de grâce et de rémission.

Ses études terminées, messire Louis habita successivement le château d'Ecouen et le château de la Chasse, et il passait son temps à se promener dans les environs. Au bout de quelques mois de ces promenades, le pays était devenu inhabitable : les marchands étaient pillés, les manants battus et les femmes enlevées ; les deux châteaux paternels etaient devenus de vrais sérails.

Nécessairement la belle-mère, Madame de Montmorency, jeta les hauts cris ; M. de Montmorency ne voulut pas être en reste, et il vint un beau matin mettre le siége devant le château de la Chasse où résidait alors son fils. Ce dernier ne tenta nullement de résister ; il s'enfuit immédiatement au château d'Ecouen, ramassa un prêtre en route, et, aussitôt arrivé, épousa une de ses nombreuses sultanes, afin de faire une bonne mésalliance qui fît bien enrager sa famille ; et comme le baron s'apprêtait à le rejoindre, il sauta à cheval, prit sa femme en croupe et gagna les Flandres, le tout à la grande joie du jeune Guillaume, qui, de simple cadet qu'il devait être, se voyait arrivé à la brillante position de seul héritier des terres et baronnies de la maison de Montmorency.

Quelques années après tous ces événements, le ba-

ron de Montmorency sollicita et obtint de Louis XI
l'honneur de le recevoir pendant quelques jours dans
un de ses domaines, et comme le roi était grand chasseur, il ne crut pas pouvoir lui choisir une plus agréable demeure que le château de la Chasse. Amelgardus,
dans son *Histoire de Louis XI,* nous a conservé le récit
de ce qui s'y passa, et si ce qu'il raconte est vrai, le
pauvre baron dut regretter plus d'une fois d'avoir at-
tiré le roi chez lui. Il paraît donc qu'au nombre des di-
vertissements offerts au roi, il y eut plusieurs grandes
chasses où nombre de bêtes à poil et à plume furent cap-
turées au moyen d'engins de toute espèce ; il va sans
dire que ce fut Louis XI qui eut les honneurs de la
chasse, car il est de tradition en France que les souverains, même les plus maladroits, sont toujours les plus
heureux chasseurs. Louis XI se livra avec ardeur aux
nobles exercices *de la vénerie qu'il aimait fort*[1]; puis,
le jour de son départ, il pria le baron de Montmorency de réunir dans la cour du château de la Chasse
tout ce qu'il avait en armes, piéges, filets, etc. Le baron, avec l'amour-propre inhérent à tout propriétaire,
fit apporter immédiatement tout ce qu'il en possédait,
sans omettre la moindre chose ; alors le roi y fit tranquillement mettre le feu, puis, quand tout fut con-
sumé, il s'en alla, après avoir remercié Guillaume de

1. Voir Comines.

Montmorency de son aimable hospitalité. Le malheureux Guillaume avait oublié un édit qui n'était pas
toujours bien exécuté, édit qui réservait au roi de
France la chasse dans toutes les forêts, et qui défen-
dait à tout le monde, même aux gentilshommes, de
détenir aucune espèce d'armes ou d'engins servant en
vénerie. Or, on connaît le fameux axiome, qui est
vieux comme le monde : « Nul n'est censé ignorer la
loi. » Le baron de Montmorency n'avait donc rien à
dire ; de plus, il était ambitieux : il rit.

Nous retrouvons le nom du château de la Chasse-
Momay dans une chronique de 1522. Un des fils ca-
dets du connétable de Montmorency, le sire de la Rochepot, capitaine de cent hommes d'armes, fut chargé
par le roi François Ier d'aller avec sa compagnie tenir
garnison dans le duché paternel, afin d'en chasser *les
mauvais garçons, truands, gens de guerre*, etc., qui, attirés par le voisinage de Paris et la richesse des villages environnants, y avaient élu domicile au grand détriment des honnêtes gens.

Ce fut au plus épais du bois, au château de la
Chasse, que le sire de la Rochepot établit son quartier
général. Il commença, avant toutes choses, par faire
construire sur toutes les routes, de distance en distance,
de grands gibets bien solides ; puis il s'occupa de les
garnir, ce qui fut très-vite fait, le gibier de potence
n'étant pas rare au seizième siècle. Du reste, ces pen-

daisons produisirent le meilleur effet; le calme et la prospérité se rétablirent dans le pays de Montmorency, et le sire de la Rochepot quitta le château de la Chasse pour aller exercer autre part ses talents de pacificateur.

Dès lors, le château de la Chasse tomba au rang de pavillon de repos; il était trop près d'Ecouen, dont l'architecture gracieuse et la position agréable plaisaient plus à la famille de Montmorency que les vieux murs et les sombres étangs du manoir féodal de la Chasse-Momay.

Compris plus tard dans le duché d'Enghien, qui remplaça l'antique duché de Montmorency, ce château servit de simple rendez-vous aux princes de Condé. Cependant M. le Duc, le fils du grand Condé, y fit faire quelques réparations; il y passa même plusieurs jours à différentes reprises, et le château de la Chasse est sur la liste des résidences où le fils du vainqueur de Rocroy voulait qu'on lui tînt chaque soir un dîner tout préparé; il est vrai que ces dîners n'entraînaient pas grande dépense, car ils consistaient tous en un potage et un demi-poulet rôti sur une croûte de pain.

A la révolution, le château de la Chasse fut confisqué avec le reste de la forêt, puis il fut compris dans l'apanage que Napoléon Ier découpa tant bien que mal pour sa belle-sœur la reine Hortense dans les bois de Montmorency, après s'être arrangé de manière que le dernier héritier de la maison de Condé, le duc d'Enghien, ne pût jamais rien réclamer, ici-bas du moins.

L'aimable reine de Hollande se plaisait extrêmement à Saint-Leu, et le château de la Chasse était le but favori de ses promenades. Louis XVIII, lors de la première Restauration, laissa la duchesse de Saint-Leu en possession de son domaine; mais après les Cent-Jours, auxquels la reine Hortense avait pris une part active, les ministres demandèrent son expulsion, et le prince de Condé rentra en possession des bois et des terres de ses ancêtres. Ce fut le beau moment de la forêt; Louis de Bourbon-Condé était un véritable prince, et le pays de Rémollée put croire un instant qu'on était revenu au temps des grands connétables. Mais hélas! l'illusion ne dura pas : un crime ou un suicide mit fin à la vie du prince; un matin, on le trouva pendu dans sa chambre, et l'opinion de tout Saint-Leu fut qu'un horrible attentat venait d'être commis.

Depuis ce moment, tout fut fini pour le pays de Rémollée : plus de chasses éclatantes, plus de bienfaits cachés. La légataire du prince, Madame de Feuchères, mal vue dans la contrée, n'osa guère y résider; le château de Saint-Leu fut abattu, le château de la Chasse abandonné, et il ne reste plus rien qui rappelle la présence dans ce pays de la première maison de France, si ce n'est une croix élevée à la mémoire du dernier prince de Condé.

Ne serait-il pas juste de faire pour le fils ce qu'on a fait pour le père, et d'ériger en l'honneur de l'infortuné duc d'Enghien, sur ces terres qui auraient dû lui appartenir, un monument expiatoire?

IV

Histoire de Saint-Prix (pays de THOR[1]).

Lᴀ modeste commune dont nous allons nous occuper
n'a pas toujours porté le nom de Saint-Prix[2]. Jusqu'au
dix-septième siècle, elle s'est appelée Thor, qu'on écrivait aussi Thür. Quelques auteurs ont prétendu que le
mot Thor venait des tours qui défendaient le village;
d'autres ont soutenu que le dieu Thor, divinité ger-
maine, avait donné son nom au pays. Mais notre opi-

---

1. Le pays de Thor, *regio dicta de Thurno*, comprenait aussi le territoire de Saint-Leu, village plus moderne et qui commença par être un
simple hameau. Une chronique du douzième siècle parle en ces termes
de l'église d'Ermont qui n'était pas encore entourée d'un bourg riche et
florissant : *Ecclesia sancti Flavii de Eremonte quæ in valle de Thurno
sita, prope Eremontis lacu.* Ce lac s'étendait dans la plaine, entre la
station actuelle du chemin de fer d'Ermont et les premières maisons
du village. Il est encore marqué sur des cartes du quinzième siècle. On
voit que le territoire du pays de Thor était plus vaste que celui de la
commune de Saint-Prix qui l'a remplacé.

2. Les armes de Saint-Prix sont de gueules à trois tours d'or.

nion, c'est que Thor vient de la racine allemande, Thür,
qui signifie *porte,* et quand on considère la position
du village, on est bien convaincu que c'était la porte
de la vallée. Pour expliquer ce mot germanique de Thür,
il faut dire que la plus grande partie de la vallée de
Montmorency fut habitée par les premières peuplades
franques qui envahirent les Gaules, et que la villa des
Francs (*Francorum villa),* aujourd'hui Franconville,
faisait vis-à-vis à Thür, la porte de la contrée.

Nous n'avons pas, avant le règne de Charles le
Chauve, de documents positifs sur l'histoire de Saint-
Prix ; mais ce prince date plusieurs de ses capitulaires
de sa maison de Thor (*scriptum in villa apud Turnum).*
Thor appartenait alors directement au roi de France.
C'est, on le sait, à partir de Charles le Chauve que
commence l'affaiblissement du pouvoir du roi, et que
les seigneurs fondent la puissance féodale. Aussi
voyons-nous bientôt apparaître dans la vallée la grande
figure de Burchard Ier du nom, l'auteur de la fameuse
maison de Montmorency, qui réunit sous sa puissance
tout le pays qui s'étend des murs de Saint-Denis aux
murs de Pontoise, et des coteaux de Sannois aux collines d'Ecouen.

Burchard, comme tout seigneur suzerain, divisa
ses terres en différents fiefs, et Thor devint, avec d'autres propriétés, l'apanage d'une branche cadette de la
famille, celle des sires de Gisors.

Hervé de Gisors, seigneur de Thor et et de Métiger, prit part à la guerre que Burchard III, baron de Montmorency, fit à Adam, abbé de Saint-Denis, qui prétendait occuper certaines terres que Burchard revendiquait de son côté comme lui appartenant. Louis le Gros, fils du roi Philippe, ami particulier de Burchard, cita les deux adversaires à comparaître en son chastel de Poissy. Ils y vinrent tous les deux; mais Burchard, voyant qu'on allait lui donner tort, quitta précipitamment Poissy, fit armer ses vassaux, appela ses alliés, et se mit en état de défense, déclarant qu'il ne céderait jamais les terres, objet du litige. Les seigneurs de Thor, de Grosley et de Montanglan, d'Aubonne et d'Epinay, ses vassaux, lui étaient dévoués, et de plus, il comptait sur l'assistance de la plupart des seigneurs féodaux des environs, toujours jaloux de l'autorité royale. Aussi attendit-il sans inquiétude l'armée du roi Philippe, que commandait le comte Mathieu de Beaumont; mais au moment où ce dernier entrait sur les terres de Montmorency, du côté de Saint-Denis, au sud, Louis le Gros, accompagné du comte de Flandres, arrivait de la Picardie, brûlait Ecouen, et saccageait Thor et le hameau de Métiger. Burchard ne voulut pas céder; il se renferma dans sa forteresse de Montmorency, et il y résista longtemps, contemplant d'un œil sec ses villages et ses châteaux qu'incendiait l'armée royale. Forcé de se soumettre, il obtint du roi

3

un entier pardon, et ne perdit rien de son crédit à la cour.

Quelques années plus tard, nous retrouvons Hervé de Gisors, seigneur de Thor, parmi les chevaliers qui accompagnèrent Louis le Gros dans sa tentative pour rendre à Guillaume Cliton, fils de Robert II, la Normandie que lui avait enlevée Henri Ier, son oncle, roi d'Angleterre. Hervé et son cousin, le baron de Montmorency, sont partout cités comme les deux plus braves; mais à la bataille de Brenneville, perdue par Louis le Gros, ils furent, après des prodiges de vaillance, faits prisonniers tous les deux. Du reste, Louis le Gros, par admiration pour leur courage, ne voulut pas les laisser languir dans la captivité, et les racheta de ses deniers.

En **1180**, Jéhan de Gisors, fils ou petit-fils d'Hervé, est seigneur de Thor. Nous avons même un acte de cette époque dans lequel il rend directement hommage à Philippe-Auguste pour tout ce qu'il possède, *apud Thor et ecclesiam Eremontis,* aujourd'hui Ermont. Les rois de France avaient-ils conservé dans ce pays quelques terres, restes du domaine de Charles le Chauve, qu'ils donnaient directement en fief, ou bien n'était-ce qu'un de ces serments que les souverains, quand ils étaient puissants, ne se faisaient pas faute d'exiger des possesseurs d'arrière-fiefs au détriment de leurs suzerains féodaux ? A la famille de Gisors succèdent plusieurs seigneurs dont on ne connaît guère que les noms.

Nous voyons d'abord, en 1193, Fulco Rufus de Thurno, Foulques le Roux, seigneur de Thor : la seule trace qui reste de son passage sur cette terre, c'est un acte qu'il a signé en qualité de témoin avec Ericius, prieur du Bois-Saint-Père (couvent situé près du château de la Chasse), acte par lequel Mathieu de Montmorency amortit gratuitement, en faveur des chanoines de Saint-Victor qui desservaient la chapelle du Bois-Saint-Père, certains héritages vendus par Guido, prévôt de Taverny.

En 1208, Foulques a pour successeur Stéphanus, qualifié de *miles* de Tor (*sic*), c'est-à-dire de chevalier de Thor. Cet Etienne fut un des nombreux seigneurs de la vallée qui accompagnèrent leur suzerain, Mathieu de Montmorency, à la bataille de Bouvines, et qui, au dire de plusieurs chroniques, s'y distinguèrent extrêmement.

Le titre de chevalier que portait Etienne était alors fort recherché, et il ne se donnait, surtout à un possesseur d'arrière-fief, qu'en récompense de quelque grand service militaire.

Etienne de Thor était frère d'Hugues de Baillet (de Baliolo), seigneur fort pieux qui fit de nombreuses donations aux églises et aux abbayes des environs, et entre autres au couvent du Bois-Saint-Père.

Sous la régence de Blanche de Castille, en 1233, le seigneur de Thor s'appelle Radulfus Rossel. Il ne fit rien de remarquable, et donna seulement aux religieux du Val, pour le bien de son âme, des vignes situées sur la côte qui descend vers Saint-Leu (naguère le clos Morisset). C'est l'origine de la rente que les abbés du Val touchèrent jusqu'à la Révolution sur cette partie du village.

Nous ne savons pas déjà grand'chose sur ce Radulfus ; pour son successeur, c'est mieux encore : nous ne connaissons absolument que son nom. Il s'appelait Stéphanus, et il est qualifié d'*armiger*. Il vivait en 1238.

Il est probable qu'à la mort de ce dernier seigneur, le fief revint à la maison de Montmorency. Ici, nous avons une lacune d'une centaine d'années. Nous avons eu beau chercher, nous n'avons trouvé le nom de Thor qu'une fois dans une charte assez curieuse de Mathieu III, baron de Montmorency, qui permit à ses vassaux, même roturiers, de chasser les conins (lapins, et les lièvres, qui ravageaient toutes les cultures de Montmorency, d'Andilly, de Thor, de Piscop, de Grosley.

Pendant la période qui vient de s'écouler, Thor a bien changé ; et d'abord, le fief s'est divisé : il n'y a plus de sire de Thor, mais des sires de Rubelle, de Leumont et de Maubuisson. Rubelle est la plus importante de ces trois seigneuries ; le château en est fortifié,

et contribue pour une bonne part à la défense du pays.
De plus, au bas du village, s'est élevée la Maladrerie
de l'ordre du Temple. L'héritage sur lequel elle a été
construite est un don de Jehan de Montmorency, seigneur de Saint-Leu-les-Taverny, aux chevaliers Hos-
pitaliers du château du Mail, seigneurs de Cernay et
d'Ermont. Mais cette maison, bien que fortifiée, ne
constituait pas un fief indépendant, et le grand prieur
de l'ordre n'y exerçait pas le droit de justice. C'est
peu de temps après la construction de la Maladrerie
que se passèrent les faits les plus importants pour l'histoire de Thor.

On sait qu'après la fatale bataille de Poitiers, pendant la captivité du roi Jean, le nord de la France eut
à subir les ravages de la Jacquerie, c'est-à-dire de bandes de paysans dont le chef et l'organisateur était Jacques Bonhomme, de son vrai nom Guillaume Caillet.
Une bande de ces jacques, composée d'habitants de
Beauvais et de Saint-Leu d'Esserent, traversa l'Oise à
Beaumont, franchit les deux forêts de l'Ile-Adam et
de Montmorency, et se présenta inopinément devant
Thor. Thor, surpris par ces hordes farouches, ne fit
que peu de résistance, et malgré ses fortifications, il
fut pris et saccagé. Un grand nombre de nobles, qui
s'y étaient réfugiés, furent massacrés avec leurs femmes et leurs enfants, et ce ne fut qu'assez longtemps
après que le sire de Montmorency, qui avait fort à faire

avec les Anglais, put, aidé du captal de Buch, exter-
miner les jacques et en purger définitivement le pays.

Malgré les massacres de la Jacquerie, Thor conti-
nua à être la place de refuge de la baronnie. Beaucoup
de gentilshommes y avaient leurs hôtels, entre autres
noble dame Marguerite, dame de Saint-Arnoul, Jehan,
sire de Louviers, et Pierre Longue-Heuse, écuyer. Nous
voyons ces différentes personnes rendre, en 1409, hommage au sire de Montmorency, pour des hôtels et des
jardins qu'ils tenaient en fief de lui. De plus, Gauthier, seigneur d'Argilières, déclarait, dans un acte de
1398, qu'il avait reçu en dot, pour sa femme Denyse
de Montmorency, le chastel de Saint-Leu, un hôtel à
Thor, et diverses rentes consistant principalement en
deux muids de vin, douze chapons et vingt sols parisis.

En 1419, les Anglais, maîtres de la forte position
de Pontoise, de Conflans, d'Herblay, et de tout le
comté de Clermont, se répandirent dans la vallée de
Montmorency, qui fut horriblement ravagée. C'est
aussi à cette époque que fut à moitié détruit le château du Mail, forteresse située à Cernay, entre Sannois et Ermont, et qui, après avoir été la propriété des
Templiers, était passée dans les mains des chevaliers
de Saint-Jean de Jérusalem (plus tard de Malte). Thor,
plus heureux, échappa au pillage; cette fois, du moins,
tours et murailles servirent à quelque chose.

Dix ans plus tard (1429), alors que le roi de France
n'était plus que le roi de Bourges, que les Montmorency eux-mêmes avaient désespéré de la fortune de la
France, et que leur baronnie, la première du royaume,
était devenue l'apanage d'un soudard au service d'Angleterre, de Jehan de Luxembourg, père de ce fameux
bâtard qui prit Jeanne d'Arc, Thor était resté fidèle à
la mauvaise fortune de Charles VII.

Simon Morrhier[1], chevalier, seigneur de Rubelle,
avait fait de Thor une véritable place forte, capable de
soutenir un long siége. Aussi ne fut-il nullement ef-
frayé le jour où une bande anglaise vint le sommer de
se rendre. Les Anglais furent vigoureusement repoussés, et pour se venger, ils allèrent se jeter sur les couvents de Sainte-Radegonde et du Bois-Saint-Père, qui
n'avaient d'autres défenseurs que des moines et des religieux. Les deux couvents ne firent aucune résistance.
Mais Morrhier était armagnac, de ce noble parti qui
sauva la France (quoi qu'on en ait dit). A la nouvelle
de l'attaque de Thor, les seigneurs qui suivaient la
même bannière s'étaient réunis pour aller au secours
du seigneur de Rubelle. Celui-ci, n'ayant plus besoin
d'aide, les conduisit à Sainte-Radegonde pour surpren-

1. Ce S. Morrhier était-il le même que Simon Morrhier, prévôt de Paris et partisan des Anglais, qui aurait alors changé momentanément de
parti, chose qui se voyait déjà, ou bien était-ce simplement un membre
de la même famille? C'est ce que nous ne saurions dire positivement.

dre les Anglais. Ces derniers, absorbés par le pillage, occupation qui, à cette époque, paraissait fort de leur goût, se laissèrent tailler en pièces. C'en était trop; l'honneur de l'Angleterre était atteint. S. Morrhier avait été trop heureux; le régent de France pour Henri VI d'Angleterre, le duc de Bedfort s'en émut. Des forces considérables vinrent assiéger le château de Rubelle, et Simon Morrhier, coupable d'avoir trop bien fait son devoir, fut contraint d'abandonner ses terres et seigneuries, qui devinrent la proie des Anglais. Mais quelques années plus tard, les Anglais, à leur tour, étaient chassés de toute la France, et S. Morrhier rentrait fièrement dans son château. Un de ses compagnons d'armes, Jehan de Saint-Georges, reçut du roi Charles VII, en récompense de ses services, un hôtel situé à Rubelle, près du château, et nommé la Fleur-de-Lys. Cet hôtel avait été confisqué sur les Anglais (1450).

La ville de Thor, à cette époque (fin du règne de Charles VII, commencement du règne de Louis XI), appartenait directement à la branche aînée des Montmorency. Jehan II, baron, l'avait donnée en apanage à Jehan son fils aîné, avec les fiefs de Saint-Leu, du Plessis-Bouchard et de Leumont. Ce fief de Leumont, un des démembrements du fief primitif de Thor, avait été enlevé à Guillaume des Prés, grand fauconnier de France et bailli de Chartres, qui en avait hérité du chef de sa femme Denyse de Thorote (la famille de Thorote

était une branche cadette de la famille des Montmorency). Mais ce Guillaume, moins courageux que son
voisin le sire de Rubelle, s'était empressé de s'attacher
aux Anglais, quand il les avait vus victorieux, et il
avait été porter son hommage à Jehan de Luxembourg,
l'usurpateur de la baronnie de Montmorency, au détriment de son véritable suzerain, Jehan de Montmorency. Un arrêt du parlement de Paris adjugea à Jehan
de Montmorency la terre de Leumont, plus des vignes
sises en la côte de Rubelle, les bois de la fontaine
de Loriette, et un hôtel à Thor, en la principale
rue.

Ces biens devinrent donc le partage de Jehan, fils
aîné du baron de Montmorency. Ce Jean plus connu
sous le nom de *Jean de Nivelle* (Nivelle était un fief
qu'il tenait de sa mère), était grand ami du duc de
Bourgogne, qui était le suzerain de ses biens mater-
nels, tandis que le vieux baron de Montmorency était,
au contraire, un des chauds partisans de Louis XI.
Aussi, lorsqu'au commencement de la ligue du Bien
public (formée par les ducs de Bourgogne, de Bretagne,
de Bourbon contre le roi), le sire de Montmorency pu-
blia son ban de guerre, afin de s'aller mettre lui et ses
vassaux à la disposition de Louis XI, son fils Jean de
Nivelle, non-seulement refusa de le suivre, mais il alla
même rejoindre l'armée du duc de Bourgogne. Son
père irrité le traita de chien (épithète qui lui est restée),

et de plus l'exhéréda cette même année. Il déclara so-
lennellement au château de la Chasse, avec l'autorisa-
tion du roi et en présence de nombreux témoins, qu'il
choisissait comme héritier son troisième fils Guillaume
(fils aîné d'un second lit), qui devint, en attendant l'héritage paternel, seigneur de Saint-Leu, de Thor et du
Plessis-Bouchard. Quant à la terre de Leumont, le roi
Louis XI la garda et en fit don à un nommé Reynauld
le Turc, écuyer, qui la revendit peu de temps après à
Joseph de Montmorency, cousin du baron (1479).

Cette même année, Jehan Rabusseau, bourgeois de
Saint-Leu, fit don à l'abbé et au couvent de l'église du
Val, « *pour le clair et évident prouffict de son âme, d'une
rente de vingt sols parisis à prendre sur une maison,
cour et jardin, assis en la ville de Thor, sur la rue qui
mène au carrefour des Tours, droit au bornes, devant et
à l'opposite de l'hostel Patrouillard.* »

L'abbaye du Val possédait déjà plusieurs terres à
Saint-Prix, entre autres, le lieu appelé la Bringuette,
c'est-à-dire tout le haut de la côte qui s'étend de Rubelle au nouveau chemin de Saint-Leu.

En 1508, Pierre Clusin, écuyer, acquit du sire de
Montmorency un hôtel avec pressoir, vigne et droit de
basse justice, qui se trouvait à Rubelle. C'était sans
doute l'ancien manoir de Jean de Saint-Georges. On
comptait alors deux fiefs à Rubelle : l'ancien, qui sub-
sista tel qu'il était sous le nom de Rubelle ; le nouveau,

formé de terres détachées de la seigneurie de Thor, et qui prit le nom de la Grange.

En 1524, le grand prieur de France acheta quelques terrains autour de la Maladrerie, qu'il fit réparer. Il exerçait, croyons-nous, certains droits censuels sur plusieurs parcelles de terre à Rubelle et à Saint-Leu.

En 1527, Anne de Montmorency, connétable de France, possédait Thor et Rubelle, qui lui avaient fait retour ; il acquit d'une branche cadette de sa famille le fief de Leumont. Le connétable se plaisait beaucoup au château de Rubelle ; il eut l'honneur, le 10 octobre 1540, d'y recevoir le roi François Ier, qui s'y rendit accompagné des gentilshommes de sa maison, parmi lesquels on nous permettra de citer son secrétaire, messire Vital Double, écuyer, député aux Etats de Languedoc. Anne de Montmorency mourut en 1569. Il laissa, par un testament daté de 1567, les seigneuries de Damville, de Leumont, de Rubelle, ainsi que celles de Thor et de Saint-Leu, à son second fils Henri, qui devint bientôt *duc* par suite du décès de son frère aîné François.

Le fils de Henri Ier, Henri II de Montmorency, la malheureuse victime des rancunes de Louis XIII et de Richelieu, aimait beaucoup le pays de Thor, qui commence à s'appeler plus généralement Saint-Prix, et souvent même par confusion Rubelle. Henri II fit rebâtir le château de Leumont (que plus tard Louis Bonaparte ne trouva pas assez beau pour lui, et il habita souvent le château de Rubelle.

C'est en ce temps-là qu'en haut du parc de Rubelle, à la lisière de la forêt, s'éleva un pavillon de chasse marqué, sur un plan de 1633, comme maison seigneuriale, ainsi que Rubelle et Leumont. C'était la plus modeste des trois demeures de Henry de Montmorency, et c'est cependant la seule qui ait échappé aux outrages du temps et des révolutions. En 1647, ce pavillon devint la propriété de la duchesse de Vendôme qui l'augmenta de différentes terres achetées au président de Hodicq, puis il passa dans les mains de messire Charles d'Albert, chevalier, président de la cour des Monnaies. En 1787, ce pavillon, qualifié de maison seigneuriale, fut acheté par Jean du Mangin, écuyer, docteur-régent de la Faculté de Paris, et par Calixte des Essart, sa femme, fille du baron des Essart.

Quant à Rubelle, ce fief appartint tour à tour au président de Musnier, puis à un nommé Rossignol, conseiller au Châtelet, puis, en 1767, à Lebas du Plessis, écuyer, officier aux gardes françaises, qui le posséda jusqu'à la Révolution. En 1793, Lebas du Plessis émigra, et le château fut démoli. Plus heureux que son voisin, M. du Mangin échappa à la tourmente révolutionnaire et ajouta à son domaine ce qui restait de Rubelle.

Cette propriété, qui depuis cette époque est restée

dans notre famille, a été augmentée par M. L. Double
de plusieurs centaines d'hectares de bois, jadis apanage des maisons de Condé et de Montmorency[1].

Les Leclerc de Lesseville avaient acquis, en 1640,
d'un prince de Condé, successeur de Henri II de Montmorency, les terres de Leumont. Ils échangèrent, en
1647, quelques vignes situées à Taverny, contre le fief
de Maubuisson, appartenant au prieuré de Saint-Martin, et Charles de Lesseville se qualifia quelque temps
seigneur de Saint-Prix, mais, après deux générations
de Lesseville, Leumont fut vendu à Philippe, baron de
Bréget, qui eut pour successeur, d'abord un nommé
Drouin, puis Louis Bonaparte, roi de Hollande. Là
s'arrête l'histoire de Leumont; Louis Bonaparte, premier connétable de l'Empire, fit abattre le château des
derniers connétables de la royauté, et réunit le domaine à son parc de Saint-Leu. Du reste, ni lui ni sa
femme n'en jouirent longtemps, 1815 arriva, et le
père de l'infortuné duc d'Enghien, le prince de Condé,
remplaça les Bonaparte.

1. Sous le règne de Louis XV, un correcteur de la chambre des
comptes, Petit-Deslandes, chevalier, créa à l'extrémité du village un
beau parc qu'il laissa à son neveu, M. de Brainville. Ce parc, dit de la
Terrasse, a été acquis par M. Villette en 1840.

V

Tableau de Saint-Prix au quinzième siècle.

Sıtué sur le sommet d'une colline assez élevée, d'où
la vue s'étend au loin, Thor semblait destiné à être
place forte au temps du moins où les fortifications, au
lieu de se cacher sous le gazon, se dressaient fièrement
dans les airs. Aussi les Montmorency l'avaient-ils entouré de cinq grosses tours dont trois étaient reliées
par des fossés et par une muraille crénelée. Nous avons
pu retrouver quelle était la position de ces tours qui
existaient déjà en 1398, mais dont il ne restait plus
vestige en 1709. La première s'élevait à mi-côte au milieu du chemin actuel de Rubelle; la seconde sur l'emplacement de l'ancien chemin de Saint-Leu, la troisième, un peu au-dessus de l'église, contre la forêt.
Ces trois tours étaient celles qui étaient réunies par
des travaux accessoires. Les deux autres étaient plus
éloignées du centre du village; l'une, la tour du Guet,

a été reconstruite par M. Double, l'autre dominait le chemin qui descend à Montlignon.

Le village s'étendait alors beaucoup moins qu'aujourd'hui, borné comme il l'était par les fiefs de Rubelle au sud, de Leumont à l'ouest, de Maubuisson à l'est et par les bois de Montmorency au nord. Il occupait un espace de terrain dont les limites seraient, au nord, l'église et le presbytère actuel ; à l'ouest, la place de la Croix ; au sud, la grille du parc de Saint-Prix, au milieu du chemin de Rubelle ; et à l'est, la fontaine du pays. La principale rue s'appelait la rue des Trois-Bornes, c'est celle qui monte à l'église et qui fait en quelque sorte le prolongement de Rubelle. C'était la rue à la mode, c'était là que se trouvaient tous les hôtels habités par les gentilshommes, l'hôtel de Louviers, l'hôtel de Saint-Arnoul et, plus tard, l'hôtel des Patrouillard qui furent, en quelque sorte, à partir de 1749, les marquis de Carabas de la vallée. Claude Patrouillard, bourgeois de Paris et marchand de soie, mais père de Germain Patrouillard, écuyer, possédait, outre son hôtel de Thor, un hôtel, une masure (sic) et six arpents de jardin à Margency, un fief dans le voisinage de Luat, un troisième hôtel près de Saint-Brice, un quatrième hôtel à Saint-Denis, sans compter nombre d'arpents de terres et de bois ! C'était enfin rue des Trois-Bornes que l'illustre Jehan de Nivelle, sire de Saint-Leu et de Thor, avait sa demeure

seigneuriale ainsi que sa cousine, Denyse de Montmorency. Cette rue est bien déchue aujourd'hui, cependant il y reste encore une vieille maison donnant sur
la place de l'Eglise, qui, dès le quinzième siècle,
était habitée par le curé de Thor et par le vicaire
de Montlignon. En haut de la rue des Trois-Bornes
s'élevait l'église qui subsiste encore, mais mutilée, et
le prieuré de Saint-Martin, dépendant de l'abbaye de
Pontoise, qui communiquait avec l'église au moyen
d'une porte dont on voit encore l'emplacement. A
l'ouest de l'église se trouvait encore une autre demeure
ecclésiastique, c'était la maison de ville du couvent du
Bois-Saint-Père. Ledit couvent fut, du reste, bientôt
réduit à un seul chanoine, qui, se jugeant trop isolé
au milieu d'un bois, loua son prieuré à un cultivateur
et vint jouir à Saint-Prix des bienfaits de la société.
La maison prieurale, comme on l'appelait, communiquait aussi avec l'église ; il n'en est resté que la grange,
où l'on enserrait les dîmes du prieur, et qui est devenue, après avoir été le repaire du sans-culotte Pichon,
la demeure de M. Saint-André, et ensuite de M. Gadala
qui y ont succédé à Ginguené. Le jardin de cette propriété s'étend sur l'emplacement de l'ancien parterre
du prieur et du cimetière de la communauté. Les
terres du prieuré comprenaient aussi la maison qui
appartient aujourd'hui à M. Larivière, peintre d'histoire d'un grand mérite.

Un peu à l'est du village était le clos Rouillard, vaste champ de vignes qui s'est transformé en une propriété éminemment pittoresque que l'on nomme la Solitude. C'était le clos Rouillard qui avait, au seizième siècle, le privilége de fournir le vin de la table des Montmorency.

Des tours de Saint-Prix on voyait distinctement, à une fort petite distance, deux de ces monuments dont le moyen âge était prodigue et qui donnaient au paysage je ne sais quel charme mélancolique : des gibets. Le premier s'élevait, entre Saint-Prix et Montlignon, sur une petite butte où l'on voyait naguère encore un vieux moulin qui devait remonter au seizième siècle. Le chemin qui y conduisait porte encore de nos jours le nom significatif de ruelle de la Justice. Le second se dressait dans la plaine, derrière les bois de la Louvette, entre Ermont et le Plessis-Bouchard. Mais, en revanche, Rubelle possédait déjà, au carrefour des Cinq-Chemins, devant la ferme de la Maladrerie[1], une belle croix de style gothique, aujourd'hui détruite, et le prieur de Saint-Martin allait, quelques années plus tard, doter son fief de Maubuisson d'une autre croix de pierre qui orne maintenant la grande place de Saint-Prix.

1. C'est sur l'emplacement de cette ancienne ferme que M. le chevalier de Poggi planta un fort beau parc encore existant.

VI

Une révélation.

Nous avons tous été élevés à considérer Boileau comme un modèle de talent, de sagesse et de vertu (de vertu forcée); passe pour le talent, nous n'avons pas qualité pour le lui contester; mais quant à la sagesse, à la vertu, c'est autre chose! Imaginez-vous que Boileau, le sage, le chaste, le classique Boileau avait, à Saint-Prix, en la Grande-Rue, une petite maison, comme on disait de son temps, habitée par Philis et par Glycère, des noms qui ne sont pas dans le calendrier! Mon Dieu! nous l'excusons, que celui qui est sans péché lui jette la première pierre; mais ce qui est inexcusable, c'est la malheureuse poésie dénichée par Daunou et imprimée dans la rare édition de **1825** :

> J'ai beau m'en aller à Saint-Prix ;
> Ce saint qui de tous maux guérit
> Ne saurait me guérir de mon amour extrême:
> Philis, il le faut avouer,
> Si vous ne prenez soin de me guérir vous-même,
> Je ne sais plus du tout à quel saint me vouer.

Enfin espérons que, lorsqu'il commit ces vers de
mirliton, l'auteur de *l'Art poétique* était jeune, et
d'ailleurs, quand Louis XIV s'est rangé, il a bien fait
pénitence !

D'autres auteurs habitèrent à Saint-Prix, mais
plus canoniquement que Boileau ; nous citerons seulement, chez les anciens, Guy-Patin qui résida quelque
temps rue des Trois-Bornes, avant d'habiter son fief
de Sannois ; Sedaine et Ginguené, et parmi les con-
temporains, un seul, mais le plus grand de tous,
Victor Hugo[1], qui habita assez longtemps le domaine
de la Terrasse.

Des célébrités d'autres genres, Saint-Prix eut
également un petit échantillon : parmi les guerriers,
Simon Morrhier, le connétable Anne de Montmorency,
Henri Ier, Henri II de Montmorency, l'illustre révolté ;
enfin, O'Connor l'Irlandais. Parmi les célébrités légen-
daires, Jean de Nivelle ; puis, pour finir, une danseuse
de l'Opéra, Dorothée Rime, dont le domaine était
mur mitoyen avec celui de la reine Hortense, à Saint-
Leu.

M. Carlin, maire, est actuellement propriétaire de
la maison de Mademoiselle Rime ; mais son parc
s'étend sur une partie de l'ancien fief de Leumont.

1. Nous ne citons pas P.-L. Courier, qui ne resta que quelques mois
à Saint-Prix.

VII

L'église et le prieuré.

En 1090 Godefroy de Montmorency et son épouse Richilde donnèrent à l'abbaye de Saint-Martin de Pontoise une église, qu'ils venaient de construire à Thor, avec tout ce qui en dépendait, bois, prés et vignes; le tout formait un fief appelé Maubuisson. Gauthier, abbé, béatifié plus tard sous le nom de saint Gauthier de Pontoise, accepta cette donation, et le 11 juillet 1091 une douzaine de religieux, conduits par le prieur de l'abbaye, se rendirent processionnellement à Thor, portant avec eux une partie des reliques d'un des patrons de leur communauté, de saint Prix, qu'ils déposèrent dans l'église, qui fut cependant consacrée à saint Fiacre. Les biens du prieuré de Thor furent augmentés par de nouvelles libéralités des seigneurs de la vallée. Thibaut de Gisors en 1175 donna la dîme

de ses vignobles ; Matthieu de Montmorency, dix
arpents de bois appelés les Champourris et qui portent
aujourd'hui le même nom ; Hugues de Vaucelles,
deux arpents de vignes et le droit de ramasser dans
sa forêt deux muids de nèfles et de châtaignes (1202).

Mais bientôt les revenus du couvent ne furent plus
suffisants pour entretenir plusieurs moines, et dès le
quinzième siècle il n'y eut plus qu'un seul ecclésiastique,
portant le titre de prieur, et qui résidait fort rarement
à Saint-Prix. Un des derniers titulaires échangea même,
à la fin du dix-septième siècle, ce qui restait du fief
de Maubuisson avec Leclerc de Lesseville, contre des
vignes à Taverny, et les prieurs de Saint-Martin ne
possédaient plus en 1760 à Saint-Prix que les dix
arpents de bois des Champourris, quatre arpents de
pré, et quelques dîmes ; le tout était affermé pour
400 livres.

La cure était un peu plus riche : voici quels étaient
au dix-septième siècle les revenus de la fabrique :

En rentes non rachetables.	425 livres.
Loyer de différentes terres.	450
Location des chaises.	200
Produit des quêtes et du tronc	1,200
Total.	2,275 livres.
De cette somme, le curé touchait	500 livres.
Le vicaire	250
Le maître d'école	200
La maîtresse d'école.	100

Le bedeau	50 livres.
Le porte-bannière.	30
Sans compter les chantres, payés chacun . . .	34

Le surplus des revenus servait à parer aux dépenses imprévues, telles que les réparations de l'église et du presbytère. Comme la majeure partie des dîmes appartenait au prieuré de Saint-Martin, le curé n'avait pour sa part que cent gerbées de blé et deux dindons; il avait en outre la jouissance de quelques vignes et terrains de labour. Le tout pouvait rapporter 140 livres.

Au commencement de la Révolution le prieuré de Saint-Martin fut confisqué, les terres saisies, et le bâtiment transformé pendant quelque temps en maison de plaisance fut démoli en 1839. Quant au second prieuré, celui de Saint-Victor, qui était à l'ouest de l'église, il ne fut qu'en partie abattu; ce qui en restait fut acheté par un nommé Pichon qui en fit son habitation. (Voir plus haut le tableau de Saint-Prix au dix-septième siècle.)

Plus heureuse que les prieurés, l'église est encore debout; bien que des réparations maladroites et un hideux portail, qui ferait reculer d'horreur tout antiquaire, en aient complétement défiguré l'extérieur, l'intérieur du moins s'est conservé à peu près intact. Le monument était avant 1793 beaucoup plus vaste que de nos jours; c'était, du reste, un des pèlerinages favoris des Parisiens, qui s'y rendaient par milliers, et la grande mode, sous Louis XV, était de s'y faire porter en chaise par les forts de la halle. Il est vrai que l'eau de la vieille fontaine, au-dessus de laquelle on distingue encore un évêque de pierre qui a la prétention d'être saint Prix, passait pour guérir de tous les maux. Aussi tous les Parisiens s'en approvisionnaient-ils, afin de parer aux maladies futures.

Pour en revenir à notre église, la porte principale, au lieu d'être à l'ouest, était au sud, et l'on y arrivait par un grand escalier qui dominait la rue des Trois-Bornes. La partie méridionale de l'édifice se composait d'un vaste bas côté, dont la sacristie est le seul vestige, qui n'a été que très-imparfaitement remplacé par la chapelle dite de Saint-Prix. Le toit était surmonté de quatre clochetons et d'une flèche, dont il ne reste plus que la base qui forme le clocher actuel, et dont on a du moins respecté l'architecture primitive. Bien que réparé plusieurs fois et entre autres sous le règne de François Ier, le monument est généralement de style ogival, les colonnes de pierre qui soutiennent la voûte sont d'un bel effet ; il y en a deux, à gauche en entrant, qui remontent au douzième siècle : c'est la partie la plus ancienne de l'édifice. Le chœur est encore fort beau et l'on y remarque des boiseries du commencement du dix-septième siècle qui ont assez grande tournure ; sur une colonnette à droite du chœur il y a une petite statue de sainte Anne en bois peint qui remonte à une époque reculée ; un calvaire de la Renaissance, d'un grand style, également en bois sculpté, ornait jadis le milieu de l'église ; il est maintenant fixé contre la muraille du nord ; il y a encore au-dessus de la porte de la sacristie une délicieuse statuette de saint Fiacre, finement travaillée, qui est un véritable bijou. Enfin, on a disposé, tant.bien que mal, dans cette espèce de coffre en plâtre et en moellons qu'on nomme la chapelle de Saint-Prix, des bas-reliefs en bois sculpté qui remontent à la plus haute antiquité. Citons aussi, pour être complet, une vieille pierre tumulaire qui recouvre dans la chapelle du baptistère les restes d'un prieur de Saint-Victor, qui, si nous en croyons l'épitaphe, était doué de toutes les vertus[1].

Aux clefs de voûte on voyait encore, il y a six ans, les armoiries d'Anne, le grand connétable, qui avait fait restaurer l'église ; mais les alérions des premiers barons chrétiens ont sans doute paru contraires aux principes de 1789, ainsi que la devise : ἀπλανος (qui ne change pas, qui ne dévie pas) qui a semblé surannée, et qu'on a impitoyablement effacée comme une amère ironie !

---

1. Trois pouvoirs se partageaient autrefois l'église : le bas côté du nord appartenait au *Moine blanc* (le prieur de Saint-Victor, de l'ordre des bénédictins) ; le bas côté du sud au *Moine noir* (le prieur de Saint-Martin) ; le milieu formait la paroisse et ne relevait que du curé.

VIII

Montlignon et les Métiger.

A quelque distance de Saint-Prix, non loin de la route qui descend à Montlignon, il existait autrefois un hameau dont il n'y a plus vestige depuis le quatorzième siècle, c'étaient les Métiger, petit groupe de maisons qui resta longtemps sous la domination des comtes de Pontoise, et qui, après avoir été brûlé par les Anglais sous le règne de Charles V se confondit avec Montlignon, jadis hameau, puis ville, et aujourd'hui village. Nous allons exposer en quelques mots tout ce que nous avons pu recueillir sur les Métiger; nous nous occuperons ensuite, avec un peu plus de détails, de l'histoire de Montlignon.

En l'an 1090, Raoul le Délicat (*Radulphus Delicatus*), comte de Pontoise, était seigneur des Métiger; à l'occasion de la mort de sa femme Havoise, il renonça en faveur de l'abbé de Saint-Martin des Champs aux droits qu'il avait sur l'église du hameau. Sept ou huit ans après, la terre des Métiger fut apportée en dot à Burchard de Montmorency par Agnès, fille de Raoul de Pontoise, qui réserva cependant plusieurs cens et rentes dont il fit don à l'église de Saint-Martin en présence d'Hugues d'Argenteuil, d'Eudes de Gro!ez et d'Albéric de Luzarches, seigneurs des environs.

Vingt ans ne s'étaient pas écoulés que Burchard et Agnès cédaient à la même église *villicationem et capturam et omnem consuetudinem tam injustam quam justam quam habebant apud Mestigerium.*

Et ici qu'on nous permette une courte digression ; il ne faut pas croire que Burchard en employant les mots *injustam consuetudinem* eût l'intention de dire qu'il cédait des droits injustes : l'adjectif *injustus* dans l'abominable latin des jurisconsultes signifie simplement contraire à la loi, qui n'est pas établi par la loi. Burchard voulait donc dire simplement qu'il cédait à l'abbé de Saint-Martin les droits que lui donnaient les lois (*justam consuetudinem*), et ceux qu'il devait à l'usage, ou à des conventions particulières (*injustam consuetudinem*).

Vers la même époque, Hervé de Gisors, déjà vassal de Burchard, à raison de la seigneurie de Thor, obtint le fief des Métiger. A partir de ce moment les Métiger suivirent la fortune de Thor ; et il n'en est plus fait mention que dans un acte de 1209, qui nous a été conservé par Duchesne, l'historiographe de la maison de Montmorency, et où nous voyons Hugues de Baillet, frère du seigneur de Thor, faire don aux moines du Bois-Saint-Père de deux setiers de blé à prendre annuellement sur les moulins seigneuriaux de Métiger.

Au milieu du quatorzième siècle, Edouard III d'Angleterre ravagea toute la vallée de Montmorency, et les Métiger furent un de ces nombreux villages dont le roi Charles V contemplait paisiblement l'incendie du haut des tours de l'hôtel Saint-Paul. Depuis ce désastre tout fut fini pour le pauvre hameau des Métiger ; ses habitants se dispersèrent dans les environs, et Montlignon en recueillit la plus grande partie.

La moderne commune de Montlignon n'occupe pas tout à fait l'emplacement de l'ancien Molimons : Molimons était un peu plus rapproché de la forêt et ses dernières maisons du côté du sud s'arrêtaient bien avant l'église actuelle. L'ancien Molimons était bien réellement en Rémollée ; le nouveau Montlignon s'y trouve tout juste, mais il a toujours été si intimement lié avec Saint-Prix, dont il fut longtemps une dépendance, que les chroniques de Thor amènent inévitablement à leur suite l'histoire de Molimons.

Molimons, Malimons, Monlignon ou Montlignon

faisait primitivement partie du domaine de l'abbaye
de Saint-Denis, qui le céda à titre de fief à la maison
de Montmorency. Le baron de Montmorency le transmit (1080) en qualité d'arrière-fief à la famille de Joinville. Jacques et Odon de Joinville en furent successivement seigneurs. Ils furent remplacés (1125) par
Matthieu le Bel, seigneur de Saint-Gratien, qui afferma
à un juif de Montmorency, et à son profit, les droits
que les moines de Saint-Denis s'étaient réservés comme
seigneurs suzerains. Et il fallut que l'abbé de Saint-
Denis, qui était alors le célèbre Suger, achetât moyennant 3,000 sols d'or l'appui du baron de Montmorency,
qui força son vassal à restituer « à Monseigneur Sainct-
Denys tout ce dont il l'avait méchamment privé tant
en dîmes qu'en cens, rentes et autres coustumes »
(1150). Suger affecta à l'entretien du réfectoire tous
les revenus de Montlignon.

Cent ans plus tard, messire Pierre, *chevalier de
l'hostel de Monseigneur Loys de France* (saint Louis),
s'avouait vassal du baron de Montmorency pour la
seigneurie de Malimons, mais il ajoutait à son hommage la formule (sauf les droits de mon suzerain, le
seigneur abbé de Sainct-Denys), formule qui prouve
clairement que les Montmorency étaient, du moins
pour Montlignon, les vassaux de l'abbé de Saint-
Denis.

Ce fut ce même messire Pierre qui accorda aux

moines du Bois-Saint-Père la permission de pêcher dans son étang, ce dont lesdits moines furent grandement reconnaissants.

Pierre de Molimons mourut en **1271**, laissant pour héritier un fils nommé Louis. Il fut pompeusement inhumé dans l'église d'Ermont dont il avait été le bienfaiteur.

Louis de Molimons ne jouit pas longtemps de l'héritage paternel ; chambellan, ou comme on disait alors, chamberlain du duc d'Anjou (frère de saint Louis), il avait été forcé de l'accompagner dans son expédition de Sicile ; et il ne revint pas en France. Fut-il une des victimes des Vêpres siciliennes, mourut-il de la peste ou se fixa-t-il en Italie. Nous l'ignorons. Tout ce que nous savons c'est que son fief fit retour à Mathieu de Montmorency vers **1290**. Du reste les habitants de Montlignon n'eurent point à se plaindre d'être tombés sous la puissance directe de leur suzerain, car ils en obtinrent la permission de détruire le gibier, tant gros que petit, qui ravageait leurs champs, et l'on sait que le droit de garenne, auquel Mathieu de Montmorency renonçait si généreusement, était peut-être le droit le plus cher aux seigneurs et le plus onéreux pour les campagnards. Voici le texte même de la charte octroyée par Mathieu de Montmorency, texte malheureusement incomplet :

Nous, Mahiu, seigneur de Mommorency, chambellent de France, et Jehenne, nostre chère compagne, fesons asavoir à tous que comme la gent de nostre terre de Mommorency, à savoir ceus de la ville de Mommorency, de Josoy, de Monlignon, de Jaubonne, d'Ermont, de Thor, de Sarnoi, etc., et autres bones gens qui héritages et conques ont en nostre garenne de Mommorency, nous aient communément montré et senéfié en complaignant que les conins, les lièvres et autres bêtes de notre garenne grevoient, empiroient et grièvement domachoient leurs héritages..., avons quitté, délessié et octroyé à toutes gens... notre garenne dessus dicte. C'est à savoir de conins, lièvres, biches, deins, pors, sangliés et lées, et de toutes bêtes grosses et menues, et de toutes manières d'oysiaux, pour prendre, pour chacier, et emporter franchement, comme nous fesions ou poons faire et porions jusques aux bournes dessous dévisées...

La destruction du gibier qui avait jusqu'alors ravagé impunément toute la campagne, favorisa le développement de l'agriculture, et la ville, comme on disait, prit en peu d'années un accroissement considérable. Ce fut au point que Mathieu de Montmorency, à la suite d'une transaction avec l'abbaye de Saint-Denis, obtint du roi de France d'accepter la suzeraineté de Montlignon en échange de la suzeraineté de la baronnie

de Matliers, qui avait jusqu'alors relevé directement
du roi, et dont Mathieu consentit à faire hommage
à l'abbé de Saint-Denis, qui de son côté renonça en faveur du roi à tous ses droits sur Montlignon.

Le roi qui était Charles V fit à son tour abandon
de la suzeraineté de Montlignon aux chanoines de la
chapelle de Vincennes, à condition d'en employer les
revenus à se vêtir magnifiquement de chapes, surplis,
étoles, etc.

Le baron de Montmorency, avec l'agrément de
MM. les chanoines de Vincennes, transmit la terre de
Montlignon à la famille de Hangest. Jacques de Hangest eut, sous le règne du roi Jean, une certaine célé-
brité. Il fut au nombre des seigneurs qui se portèrent
garants du payement des **200,000** florins d'or que le
Prince Noir exigeait pour la rançon du roi Jean (**1358**).
A la mort du sire de Hangest (**1371**), Montlignon fut
le domaine de sa veuve, la dame de Péquigny, qui le
laissa à son fils Pierre de Hangest, dont les descendants
en jouirent encore longtemps.

Vers **1478**, Jean de Hangest, sire de Damville et
vicomte d'Evreux, cessa de posséder Montlignon, et les
chanoines de Vincennes remplacèrent le seigneur vassal
qui leur rendait simplement hommage, par un bailli
qui toucha toutes les rentes, tant celles qui appartenaient aux suzerains que celles qui revenaient au
seigneur feudataire.

Cependant vers 1583 ils aliénèrent une partie de leurs droits en faveur de Didier de Lacour, capitaine de cinquante hommes d'armes des ordonnances du roi, qui put ainsi prendre le titre de seigneur en partie de la ville de Montlignon. Le fils de Didier de Lacour, nommé Jacques, succéda à son père ; c'était un homme paisible, un vrai gentilhomme campagnard, s'occupant tranquillement à cultiver ses terres, mais qui eut le malheur d'être l'ami de Pierre le Laboureur, bailli du duché de Montmorency. Pierre le Laboureur, quoique homme de robe, avait le tempérament belliqueux : étant encore écolier il interrompit le cours de ses études pour aller à Chelles retrouver l'armée de Henri IV dans l'espérance qu'on allait livrer bataille ; mais cette espérance fut déçue : quelque temps après, ayant appris qu'il y allait avoir un combat auprès d'Ivry, il s'empressa de s'y rendre ; mais, malheureusement, quand il arriva tout était fini. Ces aventures militaires semblent ne pas lui avoir déplu, car (nous citons textuellement son petit-fils Jean le Laboureur), « il osa bien aller vers Mantes avec nombre de gars qu'il leva dans le duché pour combattre M. de Mayenne, et l'arrester prisonnier au retour de la bataille d'Ivry, sur les nouvelles qu'il reçeut qu'il était peu accompagné. » Grâce à cette nouvelle « que M. de Mayenne était peu accompagné, » le Laboureur décida facilement Jacques de Lacour et un autre gentilhomme, Robert

Bouette, seigneur de Blénur et capitaine de la forêt de Montmorency, à l'accompagner dans son expédition, dont le but était plutôt financier que guerrier, car on se proposait simplement de rançonner le chef des ligueurs. Malheureusement la nouvelle était fausse; M. de Mayenne était très-bien accompagné et ce fut lui qui fit prisonniers nos trois gentilshommes. La malheureuse issue de cette affaire ôta à Jacques de Lacour toute idée de se mêler de nouveau des affaires des autres; mais il eut beau rester tranquille chez lui, M. de Mayenne ne lui avait pas pardonné son expédition, et les ligueurs brûlèrent et pillèrent à deux reprises différentes tout ce que la famille de Lacour possédait à Montlignon. A la mort de Jacques de Lacour (1610), son fief passa à la famille Fayet dont deux membres siégèrent successivement au parlement de Paris en qualité de présidents aux enquêtes : cette famille possédait déjà la terre appelée la Tour du Luat ou du Léna; elle s'éteignit en 1680 en la personne de Nicolas Fayet qui laissa tous ses biens à sa femme, née Lhuillier. En 1720, Montlignon appartenait au prince de Condé, néanmoins les chanoines de Vincennes avaient conservé leurs droits, et même leur titre de seigneurs de Montlignon. Ce partage d'autorité et de possession amena souvent des contestations entre les agents du prince et les agents des chanoines, mais la révolution de 1789 vint bientôt mettre les deux partis d'accord;

un peu à la façon du juge de La Fontaine dans *l'Huître et les Plaideurs*. Du reste, la tourmente révolutionnaire ne changea pas grand'chose au sort de Montlignon, où il n'y avait ni couvent ni château ; au lieu de payer au bailli du duché les lods et rentes, on versa dans les mains de l'officier municipal les impôts, les impositions, les emprunts forcés, les centimes additionnels, les prêts patriotiques, etc ; il est vrai qu'on supprima le mot de gabelle et qu'on le remplaça par l'impôt sur le sel.

Le village de Montlignon n'a conservé aucun vestige d'antiquités, ce n'est qu'une longue rue, bordée de pépiniéristes, il est vrai, mais complétement dépourvue de toute espèce d'originalité. L'église même, qui est habituellement le monument des villages modernes, n'est qu'une affreuse construction, indigne d'une riche commune. La seule chose que Montlignon ait conservée des temps passés, c'est le Corbon ; mais

1. En 1777, il y eut à Montlignon, à l'occasion du fameux Pacte de famine, une émeute qui coûta la vie à plusieurs personnes. Le bruit s'était répandu qu'un commerçant de Paris avait accaparé tous les grains du pays, qui allait par suite se trouver livré à la disette. Il ne fallut rien moins que l'intervention du régiment de Condé et quelques pendaisons ordonnées par M. d'Hérouville, bailli royal de la ville de Montlignon, pour calmer cette effervescence. Il va sans dire que les craintes des paysans ne reposaient sur aucun fondement ; bien au contraire, le prince de Condé dépensa plusieurs millions à acheter des grains qu'il fit distribuer aux habitants de ses terres pendant les deux ou trois époques de famine qui désolèrent la France sous le règne de Louis XVI.

le Corbon est un cours d'eau, et les cours d'eau sont plus durables que les édifices.

Le Rû de Corbon, qui n'est plus maintenant qu'une sorte de ruisseau, avait au moyen âge une véritable importance : grâce à de nombreux barrages, il formait plusieurs étangs, dont le principal occupait tout cet espace de terrains marécageux qu'on nomme encore aujourd'hui les Champs pourris, à cause de l'humidité du sol.

Ces étangs étaient très-poissonneux, et à une époque où la marée n'arrivait que difficilement à Paris, et où toute la population observait fidèlement le carême, le poisson devait nécessairement être fort recherché ; on ne s'étonnera donc pas de voir les Montmorency mettre au nombre des revenus de leur baronnie la pêche du Rû de Corbon.

Une vieille tradition prétend que le Corbon doit son nom à un chambellan du roi Guillaume le Conquérant, à Hugues, baron de Corbon, qui, au retour de l'expédition d'Angleterre, se noya en voulant traverser avec son cheval un des étangs formés par ce ruisseau [1].

1. Récemment encore, un gendarme, son cheval et ses bottes ont manqué de disparaître pour jamais dans un marécage qu'avait produit, il y a quelques hivers, une crue subite du Corbon.

IX

Histoire de Bouffémont.

En l'an 1000, Bouffémont appartenait, comme presque tout le pays de Rémollée, à cette famille des Tirel dont nous avons déjà parlé; il fut compris dans la donation que Gauthier Tirel, seigneur de Poix et d'Ezanville, fit à l'abbaye de Saint-Martin des Champs, qui possédait déjà dans les environs l'important prieuré de Dômont. Il y avait alors à Bouffémont trois fiefs principaux : Bouffémont proprement dit, Rémollée, toute la partie de bois comprise entre le village et le château de la Chasse, et enfin le bois Tirel, qui se confondit souvent avec Rémollée. Les abbés de Saint-Martin des Champs conservèrent longtemps Bouffémont; mais ils échangèrent bientôt le fief de Rémollée contre un vaste terrain appelé le Champ-Mainard, qui touchait presque à leur prieuré de Dômont, et qui appartenait à Adam de Villiers, seigneur de Dômont et de l'Ile-Adam. Dès

lors, nous avons deux histoires distinctes à raconter :
celle de Bouffémont et celle du bois de Rémollée ; nous
commencerons par Rémollée, par égard pour son antique nom.

Le seigneur de Rémollée jouissait de haute,
moyenne et basse justice, ainsi que du droit de gruerie.
A Adam de Villiers succéda son fils Jean, et depuis ce
moment jusqu'au quinzième siècle, Rémollée resta
constamment dans la famille de Villiers.

Nous ne citerons pas, par égard pour les lecteurs,
tous les noms des seigneurs de cette maison ; nous ne
parlerons que d'un seul, Jehan II, qui joua un certain
rôle au moment des querelles entre les Armagnacs et
les Bourguignons. Jehan, qui avait embrassé le parti
du duc de Bourgogne (1418), s'empara de Paris, occupé par les Armagnacs, et obtint en récompense le
titre de maréchal de France ; puis, en 1435, à la tête
de ses vassaux, il prit Pontoise, capitale du Vexin. Le
père de ce Jehan de Villiers avait été député par la noblesse de la vicomté de Paris pour faire des remontrances aux ducs de Bourgogne et d'Orléans (règne de
Charles VI) sur *leur piètre gouvernement*. A la fin du
quinzième siècle, le bois de Rémollée n'a plus d'existence propre ; ce n'est qu'une des nombreuses coupes
de la forêt baronniale, sans doute qu'il avait constitué
la dot de Pernelle de Villiers, épouse d'un des sires de
Montmorency.

Bouffémont, au contraire, forma jusqu'à la révolution de 1789 un fief distinct; mais donner la liste de ses seigneurs, ce serait énumérer les nombreux religieux qui se succédèrent sur le siége abbatial de Saint-Martin des Champs, et nous nous en abstiendrons. Nous remarquerons seulement que Philippe-Auguste céda tous ses droits royaux sur Bouffémont, ainsi que quelques terres qu'il y possédait et qu'on appelait le fief du roi, à Gaucher de Châtillon, comte de Saint-Paul, sénéchal de Bourgogne, prince de Porcian, qui l'avait accompagné à la Terre sainte, et qui fut ensuite un des plus énergiques compagnons de Simon de Montfort dans son expédition contre les malheureux Albigeois. Ce Gaucher de Châtillon avait déjà reçu à titre de fief le bois Tirel.

A la fin du quatorzième siècle, un enfant de Bouffémont, simple paysan, entra au service des seigneurs de Montmorency. Avec un peu de protection, il arriva à être page, puis écuyer, et enfin il obtint les honneurs de la chevalerie, plus un fief dans la forêt, près de Bouffémont, appelé le Bois-Thibaud. Porte-bannière de Bernard VII, comte d'Armagnac et connétable de France, Lambert de Bouffémont, seigneur du Bois-Thibaud, eut une fin digne de sa vie : il tomba mortellement atteint d'une flèche anglaise à la bataille d'Azincourt.

Pendant les troubles de la Ligue, l'église de Bouffémont fut pillée par une bande de huguenots venus de Luzarches, et nous pensons qu'elle n'a guère été restaurée depuis cette mésaventure. Les abbés de Saint-Martin des Champs auraient bien dû gratifier leurs vassaux de quelques beaux monuments comme était jadis l'église de Dômont, et comme l'est encore l'église de Taverny; mais ils s'étaient probablement dégoûtés de leur seigneurie de Bouffémont, car sous le règne de Louis XIV, Artus de Lionne, évêque de Gap, abbé commendataire de Saint-Martin des Champs, la céda, par bail emphytéotique, à Jean Rigaud, écuyer, qui a donné son nom au plant Rigaud, bois près de Bouffémont. Jean Rigaud, seigneur de Bouffémont, fit construire un château près de l'endroit appelé la Fontaine-des-Prêtres, château qu'il laissa à sa veuve. Celle-ci se remaria avec un certain Parent, bourgeois de Paris, dans la famille de qui la terre de Bouffémont resta jusqu'à la révolution. Les restes de l'habitation de Rigaud sont devenus aujourd'hui un simple presbytère; mais la demeure de M. Vallée, quoique moderne, mérite cependant le titre de château.

Bouffémont fut, en 1793, témoin d'un de ces actes d'héroïsme que la religion chrétienne a toujours su inspirer à ses ministres. Le vénérable curé, instruit par ses amis qu'il devait être arrêté le lendemain pour comparaître devant ce terrible comité qui ne faisait jamais grâce, refusa de fuir et d'abandonner le troupeau confié à ses soins; seulement, la nuit venue, accompagné de quelques personnes dévouées, il se rendit à l'église, et pour la dernière fois, il voulut y dire la messe. Le lendemain, il fut arrêté, conduit à Paris, jeté dans un cachot; mais heureusement, c'était le 9 thermidor : le lendemain, Robespierre montait sur l'échafaud ! Grâce à la réaction qui suivit, le curé de Bouffémont eut la vie sauve; il fut même nommé plus tard à la cure de Beaumont.

Aux amateurs de paysages normands, nous recommandons d'aller visiter Bouffémont un jour de printemps; on n'y voit que pommiers fleuris, que verts pâturages. De plus, Bouffémont, grâce aux deux bonnes lieues qui le séparent de la station du chemin de fer, a échappé à cette lèpre de petites maisons de campagne, constructions hétéroclites qui gâtent les plus beaux paysages [1].

1. On peut voir près de la station d'Ermont, et surtout à Enghien, quelques échantillons de ces maisons où le genre chinois se mêle au genre italien, où le style gothique se confond avec le style Louis XIV. La police, qui interdit les mascarades aux citoyens, devrait bien en faire autant pour leurs habitations.

X

Le Fort des Anglais.

Au nord de l'église de Taverny, à une petite distance
du camp de César, on distinguait encore, il y a quelques années, des traces de talus et de fossés aujour-
d'hui à peu près complétement disparues. Sur les an-
ciennes cartes, cet endroit est désigné sous le nom de
Fort des Anglois. Nous avons essayé de retrouver l'o-
rigine de cette dénomination, et nous avons pu, aidé
des vieilles chroniques du Vexin et des traditions lo-
cales, reconstituer l'histoire de cet humble retranchement.

En 1442, l'armée du roi Charles VII venait, après
un siége acharné, d'enlever la ville de Pontoise, capitale du Vexin, et d'en chasser les bandes anglaises.
Une de ces bandes, forte de trois à quatre cents hommes, se réfugia dans les bois de Maubuisson, d'où elle

alla saccager les quelques masures de Montubois. Mais
là, nos pillards apprirent qu'une compagnie de la mi-
lice bourgeoise de Pontoise venait d'occuper Maubuisson. N'osant tenter les chances d'une bataille, ils restèrent dans la forêt de Montmorency, où les bourgeois,
contents de les voir éloignés, et inspirés par l'égoïsme
qui a toujours été le propre de l'esprit communal, les
laissèrent tranquilles sans se préoccuper des malheurs
qu'un aussi dangereux voisinage ne pouvait manquer
d'occasionner aux villages des environs.

En effet, les Anglais commencèrent par se bâtir
près de Taverny, mais en pleine forêt, sur une hau-
teur d'un difficile accès, quelques fortifications gros-
sières, derrière lesquelles ils se cantonnèrent. De là,
comme d'un repaire, ils s'élançaient pour tout mettre
à feu et à sang, ravageant les champs, détroussant les
hommes et brûlant les maisons. Bref, le pays n'était
plus tenable, et pour comble de malheur, les seigneurs, qui auraient pu défendre les vilains et les manants, étaient tous à l'ost du roi. C'était une époque où
il fallait savoir se faire justice soi-même. C'est ce que
firent les habitants de Taverny, de Saint-Leu, de Bessancourt, etc. Un beau matin, les Anglais se virent
cernés par quelques milliers de paysans mal armés,
mais exaspérés par la misère. Ces pauvres diables,
n'osant attaquer de front des hommes d'armes tout
bardés de fer, s'avisèrent d'une tactique qui leur réus-

sit parfaitement. Ils investirent le fort, l'entourèrent avec un soin scrupuleux, puis, embusqués derrière les arbres, ils tuèrent à coups de flèches tous les Anglais qui s'aventurèrent hors des retranchements. Après avoir perdu ainsi bon nombre d'entre eux, les Anglais restèrent tranquilles; mais vivant au jour le jour, ils n'avaient pas de provisions. La faim les pressait; il fallait malgré tout se tenir enfermés sans bouger, car les archers de Rémollée n'ont jamais manqué leur but.

Enfin, après avoir patienté quelques jours, les soudards, affaiblis par le jeûne, demandèrent à se rendre à condition d'avoir la vie sauve; mais les paysans irrités ne voulaient pas faire de prisonniers. Ils refusèrent, et ils attendirent patiemment, l'arc bandé et la flèche prête à partir, que le dernier Anglais tombât mort de faim.

Pendant de longues années, les restes du retranchement furent respectés, pour attester la victoire des paysans sur les envahisseurs du sol. Nous avons même une carte de 1784 qui indique encore, en grosses lettres, *le Fort des Anglais*. De nos jours, ce lieu illustré par un triomphe national est tombé dans l'oubli, et on ne s'occupe plus que du camp de César, qui ne peut cependant rappeler à des Français que des souvenirs désagréables : ceux des Romains, leurs conquérants, et de Jules César, le premier *imperator*.

XI

Les sires de Saint-Leu[1].

Vers l'an mille, comme le pauvre peuple de France enfin délivré des invasions normandes commençait à respirer et à reprendre un peu courage, quelques serfs de l'abbaye de Saint-Denis étaient venus s'établir dans un vallon situé entre les deux coteaux que couronnaient déjà les *villes* de Thor et de Taberniacum. C'était l'abondance et la limpidité des eaux qui les avaient séduits, peut-être aussi le voisinage de la place forte de Thor qui pouvait en cas de besoin leur offrir un refuge assuré, chose rare et précieuse sous le règne des premiers Capétiens.

Cent ans plus tard la terre de Saint-Leu apparte-

---

1. Les armes de Saint-Leu sont : d'or à la croix de gueules cantonnée de seize alérions d'azur, qui est de Montmorency, au franc-quartier d'argent chargé de cinq mouchetures d'hermine qui est de Saint-Leu.

6

nait à Fulchaud de Montmorency, seigneur de Ban-
terlu et de Gisors, qui y faisait construire une église
consacrée à Leu (*Lupus*), saint récemment canonisé
et alors fort à la mode. L'église attira encore quelques
habitants et Saint-Leu comptait plus de cinquante
feux, lorsqu'en 1260 Burchard VI et Isabeau de Laval
le donnèrent en apanage à leur second fils Burchard.
Ce Burchard devint l'auteur d'une branche cadette de
la maison de Montmorency qui, après avoir joué un
certain rôle pendant environ deux siècles, tomba en
quenouille et s'éteignit en la personne de Denyse de
Saint-Leu.

Le principal revenu de la seigneurie de Saint-Leu,
à l'époque où Burchard la reçut de son père, provenait de deux viviers dont l'un se nommait le vivier
Bourdon et l'autre le grand Vivier, ainsi que de plusieurs moulins établis auprès d'un cours d'eau qu'on
chercherait vainement aujourd'hui. Sans doute que
ces revenus quelque beaux qu'ils fussent ne suffisaient
pas à messire Burchard, car il ne se faisait pas faute
d'augmenter ses finances par toute sorte de moyens.
Ainsi un jour qu'il chevauchait dans la vallée en compagnie d'un de ses amis, le chevalier Simon de Vienne,
il aperçut dans un pré, au bord de la route, six vaches
et un vieux cheval, le tout confié à la garde de Dieu.
Or il se trouva précisément que le seigneur de Saint-
Leu avait ce jour-là l'escarcelle vide et de plus un

grand désir de la remplir. L'occasion fait le larron:
Burchard ne sut pas résister à la tentation et, avec
l'aide de son compagnon, il enleva les six vaches et le
cheval qui furent promptement échangés au marché
voisin contre de bons écus tournois. Mais, par malheur, les bestiaux dérobés appartenaient à un hôpital
placé sous la protection immédiate de Mgr saint Denis
et sous celle du roi de France; Mgr saint Denis, bon
saint, ne dit rien, mais le roi de France se fâcha, et le
parlement commença contre Burchard une procédure
qui ennuya tellement le pauvre sire qu'il prit le parti
d'aller rejoindre le frère du roi, le duc d'Anjou alors
occupé à conquérir le trône de Naples et de Sicile.

Burchard convoqua donc ses vassaux de Saint-Leu
et s'en alla avec eux chercher un endroit où il n'eût à
craindre ni sergents du roi ni arrêts du parlement. Il
était brave, résolu, sans scrupules d'aucune sorte;
c'était un de ces hommes comme il en fallait à Charles
d'Anjou, un de ces hommes qui, ainsi que dit une
vieille chronique, aimoient beaucoup à gaaigner, et
dont le cœur semblait fait du même métal que la cui-
rasse. Mais le climat des Calabres et de l'Apulie est
malsain pour les gens du Nord et le nombre des
hommes d'armes venus de Saint-Leu avec leur seigneur diminua bien rapidement; Burchard remplit
avec des esclaves musulmans les vides que les maladies
faisaient dans sa troupe et à la tête de ses bandes

bigarrées il sut si bien se comporter qu'à la bataille de Tagliacozzo, Charles d'Anjou coupa lui-même les deux queues du pennon de sa lance et le transforma ainsi en chevalier banneret.

Nécessairement Burchard s'attacha encore plus à Charles d'Anjou, dont il devint en peu de temps un des plus riches et des plus puissants partisans; et lorsqu'après les Vêpres siciliennes, le frère de saint Louis n'ayant plus confiance qu'en lui-même et voulant faire tout dépendre de son épée offrit à don Pèdre d'Aragon, son compétiteur au trône, un combat en champ clos avec la couronne pour enjeu, Burchard fut un des six chevaliers qui engagèrent leur parole que le roi se présenterait loyalement au combat. Ce tournoi d'un nouveau genre devait avoir lieu sous les murs de Bordeaux. Charles s'y rendit comme l'avait juré Burchard, tandis que don Pèdre resta tranquille en Aragon. Désappointé, le duc d'Anjou reprit avec son fidèle vassal la route de l'Italie. Mais le temps de leur prospérité était passé, et la fièvre enleva à peu de distance l'un de l'autre le roi de Naples et le sire de Saint-Leu.

Burchard avait laissé en France dans son chastel de Saint-Leu un enfant nommé comme lui Burchard et qui hérita de ses seigneuries de France : quant aux grands biens qu'il avait acquis en Sicile, ce furent les Aragonais qui en profitèrent. Burchard II valait mieux

que son père, et l'un de ses premiers actes fut d'affran-
chir à tout jamais de toutes servitudes féodales,
moyennant 10 sols parisis par arpent une fois payés,
les pauvres vassaux que son père avait pressurés.

Loin de partager le goût de Burchard Ier pour les
expéditions lointaines, Burchard II habitait constamment soit à Paris, soit dans ses seigneuries et de pré-
férence dans son château de Saint-Leu. De ses fenêtres
il voyait en face de lui les cinq tours de défense et les
toits aigus des monastères de Thor : cela lui fit envie ;
cette petite ville forte qui touchait à ses domaines
aurait merveilleusement fait son affaire, par malheur elle était à son cousin le baron de Montmorency
qui lui aussi y tenait fort : malgré tout, Burchard de
Saint-Leu obtint du roi de France dont il était grand
pannetier le titre et les prérogatives de *dominus altæ
justitiæ villæ de Thor*. Déjà du reste, en **1518**, Burchard II avait bien et loyalement rempli vis-à-vis du
roi de France ses devoirs de feudataire ; à la tête de
ses vassaux de Saint-Leu, de Deuil et de Nangis, il
avait fait toutes les campagnes de Flandre, et il y
avait été grièvement blessé. Plus tard il fut envoyé
comme ambassadeur auprès du roi Edouard d'Angleterre pour le disposer à rendre hommage au roi de
France, devoir dont les rois d'Angleterre ne s'acquit-
taient pas volontiers. Revenu en France après son am-
bassade il vécut tranquillement à Saint-Leu ; en **1550**,

nous le voyons figurer dans un contrat par lequel il
autorise le doyen de Meaux Jehan de la Chaumette à
fonder une chapellenie qui devait porter son nom (1).
Sous le gouvernement paternel de Burchard Saint-Leu
acquit un grand développement, la population devait
même y être devenue considérable, à en juger d'après
le nombre des hommes d'armes que Burchard devait
fournir au roi de France en sa qualité de seigneur
banneret de Saint-Leu; en effet un rôle des troupes
dues au roi Philippe par la vicomté de Paris nous ap-
prend que le sire de Saint-Leu amenait à l'ost royal
10 hommes d'armes complétement équipés; et si
l'on fait attention qu'alors Charles de Valois prince
du sang n'en devait que 20, que le connétable de
France n'en devait que 15, on reconnaîtra que la terre
de Saint-Leu devait avoir sous Burchard II une notable
importance.

Burchard avait eu de sa femme la dame de la
Houssaye un fils (Burchard III), qui devint grand enquesteur des eaux et forêts de la couronne. A l'avé-
nement de Philippe le Bel Burchard III fut en grande
faveur à la cour; il siégea même parmi les commissaires royaux qui examinèrent les titres que Robert d'Artois, vicomte de Beaumont-le-Roger, produisit pour

1. Ce fut sur les ruines de cette chapelle que s'éleva d'abord une maladrerie, puis, dans des temps plus modernes, la demeure actuelle de
la Chaumette.

revendiquer le comté d'Artois contre Mahaut qui le possédait en qualité de fille unique du dernier comte (la loi salique n'était pas admise par la coutume d'Artois). Les titres de Robert d'Artois prouvaient victorieusement la justice de ses prétentions; ils étaient d'autant meilleurs qu'il se les était fabriqués lui-même; mais voilà que les juges s'en aperçurent et en référèrent au roi dont Robert était le beau-frère. Philippe le Bel indigné chassa de France le faussaire et confisqua tous ses biens, terminaison habituelle de tous les procès au moyen âge. Les services que Burchard de Saint-Leu rendit en cette occasion lui valurent son titre de conseiller du roi et de grand enquesteur des eaux et forêts de France.

Il eut deux fils: l'aîné, Jean, à qui devait revenir la seigneurie de Saint-Leu, mourut jeune, et le cadet, Guillaume, se trouva ainsi recueillir toute la succession paternelle.

A ce Guillaume succéda son fils Jean, qui décéda bientôt, laissant ses seigneuries à ses deux sœurs, Jeanne, dame de Thorote, et Denyse, dame d'Argilières. Cette dernière mourut sans enfants; mais Jeanne de Thorote eut deux filles dont les deux maris, Jean de Cramail et Guillaume des Prés, furent conjointement seigneurs de Saint-Leu. Ces deux chevaliers tenaient pour le parti anglais; Jean de Cramail même reçut une bande anglaise dans le chastel de

Saint-Leu, dans le temps où le baron de Montmorency, voyant ses terres confisquées par le roi d'Angleterre, alors tout-puissant, allait derrière la Loire rejoindre l'armée de Charles VII.

Mais après le sacre du roi Charles à Reims, Jean, baron de Montmorency, obtint du parlement un arrêt qui lui permettait de reprendre la terre de Saint-Leu dont les possesseurs avaient manqué à toutes les lois féodales en rendant foi et hommage à l'usurpateur Jean de Luxembourg, créé par le roi d'Angleterre baron de Montmorency et d'Ecouen. Guillaume des Prés cependant ne se tint pas encore pour battu, il en appela à la cour du roi, mais ce fut en vain. Il fut bien définitivement dépouillé de cette belle seigneurie de Saint-Leu, dont les revenus s'élevaient alors, d'après les registres du parlement, à 30 livres tournois.

Le baron de Montmorency ne garda pas pour lui la terre qui venait de lui faire ainsi retour; il la donna presque aussitôt, et non pas en apanage mais en pleine propriété, à son fils aîné, Jehan de Nivelle (voir sur Jehan de Nivelle l'histoire du château de la Chasse); il l'augmenta même du fief du Plessis-Bouchard et d'un hôtel situé à Thor, en la rue des Trois-Bornes, qui provenait de la succession de Denyse de Montmorency. Nous avons déjà vu que malgré toutes ces libéralités, Jehan de Nivelle se brouilla promptement avec son père, et que le roi Louis XI, s'étant mêlé de l'affaire,

jugea à propos de confisquer au profit du trésor royal
le fief de Leumont; les deux autres fiefs de Saint-Leu
et du Plessis-Bouchard revinrent au fils de Jehan de
Nivelle, Jehan II.

C'était un triste seigneur qu'avaient là ces deux
malheureux villages. Dès l'âge de dix-huit ans, Jehan II de Nivelle, à l'imitation de son oncle Louis de
Fosseux, avait été forcé de recourir à la miséricorde
du roi Louis XI pour obtenir le pardon d'aulcunes violences par lui commises. Et encore faut-il remarquer
que nous donnerions peut-être un nom plus sévère à ce
que le roi Louis XI nommait aulcunes violences. Une
fois son pardon obtenu, le sire de Saint-Leu passa son
temps à accumuler procès sur procès et requêtes sur
requêtes, pour essayer de rentrer en possession des
biens qu'on avait ravis à son père. Or au moyen âge
les procès coûtaient fort cher, et quand les seigneurs
étaient ruinés, c'étaient les manants qui payaient.

La famille de Nivelle, malgré toutes ses tentatives,
ne put reconquérir la baronnie de Montmorency;
profondément irritée, elle s'attacha au roi d'Espagne,
de qui relevaient les fiefs de Nivelle, Horn, Was-
tigne, etc., qu'elle possédait en Flandre et en Hollande.
Mais comme à cette époque les rois d'Espagne étaient
perpétuellement en guerre avec les rois de France, la
seigneurie de Saint-Leu était presque toujours sous le
séquestre royal; les revenus étaient perçus au nom du

roi, et les sires de Nivelle n'avaient plus guère que le titre honorifique de seigneurs bannerets de Saint-Leu. L'un d'eux, Joseph, dans un moment où la France et l'Espagne étaient en paix, avait racheté le fief de Leumont qu'il avait ajouté à ses autres propriétés; prévoyant une nouvelle rupture entre les deux pays, il vendit à son cousin Anne, duc de Montmorency et connétable de France, les trois fiefs de Saint-Leu, Leumont et Plessis-Bouchard pour la somme de 26,870 livres.

Anne de Montmorency aimait passionnément son duché-pairie; et il y a peu de villages qui n'aient conservé quelques traces de sa libéralité. Ce fut lui qui fit restaurer les églises de Taverny, de Thor, et les deux châteaux d'Ecouen et de Rubelle furent souvent habités par lui : son petit-fils Henri II partageait la prédilection de son aïeul pour ce pays : il fit construire sur les terres de Leumont un château fort remarquable dont il ne reste malheureusement plus rien, si ce n'est quelques traces de fondations.

Les Condé qui succédèrent aux Montmorency n'eurent pas d'abord grande affection pour un pays où était encore bien vivant le souvenir des grands connétables dont ils avaient accepté les dépouilles ensanglantées. Ils négligèrent complétement la vallée de Montmorency pour la forêt de Chantilly; et toutes les terres qui étaient restées la propriété particulière des ducs furent rapidement aliénées, on ne respecta même pas les vénérables ruines de l'antique château féodal de Montmorency qui furent érigées en fief en faveur de l'historien Le Laboureur, bailli du duché : il n'y eut que la forêt qui trouva grâce devant ces princes chasseurs.

Saint-Leu ne resta donc pas dans la maison de Condé; sous le règne de Louis XIV, la famille de Lesseville qui avait déjà précédemment acquis le fief de Leümont obtint en échange de quelques bois la plus grande partie de ce que les Condé possédaient à Saint-Leu.

Cependant un riche fermier général, Laborde, banquier de la cour, avait éprouvé le besoin d'avoir près de Paris château et terre seigneuriale : il jeta les yeux sur Saint-Leu, et il y acheta un vaste enclos, reste de l'ancien domaine des sires de Nivelle (le manoir était depuis longues années passé à l'état de ruine historique). Bertault, architecte et dessinateur célèbre, fut chargé d'improviser un château : les banquiers sont toujours pressés, parce qu'ils craignent toujours sans doute d'être ruinés avant d'avoir le temps de jouir de ce qu'ils font.

Un bel édifice s'éleva donc comme par enchantement et plutôt palais que château. A peine était-il achevé que Laborde le vendit à son ami le duc d'Orléans, Philippe-Egalité, qui y installa ses enfants et Madame de Genlis, en qualité de gouvernante : ce qui fit beaucoup crier, l'usage étant que les princes du sang eussent non des gouvernantes, mais des gouverneurs. Louis XVI fit même de sévères remontrances au duc d'Orléans qui néanmoins ne voulut pas céder. On dit qu'alors Louis XVI irrité lui répondit : « Au surplus, Monsieur, j'ai deux fils, la comtesse d'Artois a plusieurs enfants, et vos fils quoique princes du sang n'ont donc pas la chance de jamais régner. Faites comme il vous plaira. » Or, il se trouva justement qu'un des élèves de Madame de Genlis fut le roi Louis-Philippe, qui bien qu'élevé par une femme, remplit ses fonctions royales tout aussi bien que nombre de princes élevés par des gouverneurs.

Cependant, vers 1792, le château de Saint-Leu fut abandonné par le duc d'Orléans, et il passa dans les mains d'un ci-devant, comme on disait déjà, qui prenait bien mal son temps pour acheter des terres seigneuriales si près de la commune de Paris. L'année 1795 le vit monter sur l'échafaud, et ses terres confisquées par la nation furent vendues à un nommé Imbert qui avant la révolution était bien contrôleur ou conseiller de quelque chose, mais qui pour le moment se contentait de ce beau titre de citoyen que tout le monde, la tempête une fois passée, se hâta de déposer avec le bonnet rouge et la patriotique carmagnole.

Leumont, des mains des Leclerc de Lesseville,

avait passé successivement dans celles de Jean, sire de Lanoue, et de Pierre Vesin, écuyer, avocat au parlement. La famille de Durfort en avait joui quelque temps pour le repasser bientôt à Drouin, homme de mœurs légères quoique conseiller du roi et président-juge des traites foraines de Joinville. Or, Drouin mourut, laissant ses biens à sa veuve, car sur ses vieux jours, le pécheur, voulant faire pénitence, avait fini par se marier. Madame Drouin céda son domaine à Imbert qui le réunit à son château d'en bas et revendit les deux propriétés fondues en une seule, à Louis Bonaparte qui n'était alors, en attendant mieux, que frère du premier consul.

Louis Bonaparte avait les instincts haussmanesques, il bouleversa le parc de Saint-Leu, et il osa même porter une main sacrilége sur le vieux château de Leumont, l'historique demeure des Montmorency. Cette conduite antiartistique méritait un châtiment. Il ne se fit pas attendre.

A peine en possession du château de Saint-Leu, Louis Bonaparte épousa Hortense de Beauharnais, plus connue sous le nom de la reine Hortense. Et ce fut elle qui profita le plus du domaine de Saint-Leu, qui, rendons-lui justice, devint par ses soins un véritable paradis terrestre. Elle y séjournait presque continuellement, entourée d'une cour gracieuse et galante, tandis que le pauvre roi Louis était forcé de pas-

ser son temps et sa jeunesse au milieu des Hollandais,
buveurs de bière. Nous ne nous appesantirons pas sur
le règne de la reine Hortense à Saint-Leu. Ce serait un
sujet très-difficile à bien traiter, et d'ailleurs nombre de
pamphlets qu'on pourra peut-être un jour consulter
aux bibliothèques en parlent beaucoup mieux que nous
ne le ferions. Passons donc rapidement sur ces douze
années pendant lesquelles Napoléon fit[1] le bonheur
de la France, et les affaires de sa famille, et arrivons
à la Restauration, gouvernement sous lequel la France
saignée à blanc, épuisée, haletante, peut enfin respirer
un peu.

A sa première rentrée en France, Louis XVIII avait
laissé la reine Hortense en possession de Saint-Leu qu'il
avait même en son honneur érigé en duché. Mais après
le rôle que la duchesse de Saint-Leu joua pendant les
Cent-Jours, les ministres du roi exigèrent son expulsion, et Louis XVIII, en bon monarque constitutionnel,
céda aux remontrances de ses agents responsables.

Après l'expulsion de la reine Hortense, le prince
de Condé devint propriétaire du domaine de Saint-Leu
et le réunit à la forêt de Montmorency dont il avait
déjà recouvré la possession.

Cependant, dans un coin retiré du parc, reposaient
les corps de Charles Bonaparte, (père de Napoléon Ier),

---

1. Voir *le Moniteur*.

et du fils aîné de la reine Hortense. Le père du duc d'Enghien ne pouvait guère laisser chez lui un pareil tombeau, du moins fit-il honorablement transporter les deux cercueils dans l'église paroissiale. Napoléon Bonaparte avait agi avec moins de cérémonie envers le duc d'Enghien. Le fossé de Vincennes était assez bon pour le descendant du grand Condé.

Il était écrit que cette infortunée maison de Condé s'éteindrait par le crime : le père devait comme le fils tomber victime d'un assassinat.

Déjà avancé en âge, épuisé par de nombreuses infirmités, le prince de Condé, sans famille, sans amis, s'était profondément attaché à Madame de Feuchères, femme encore jeune, active, énergique, qui ne devait pas tarder à prendre un énorme ascendant sur l'esprit débile d'un vieillard.

Pendant une quinzaine d'années le prince de Condé et Madame de Feuchères vécurent en parfaite intelligence : mais la Révolution de 1850 porta un coup fatal à la tranquillité du prince; il parlait sans cesse de quitter la France, d'aller rejoindre dans l'exil son cousin Charles X. De plus il avait eu, dit la chronique scandaleuse de vives querelles avec la baronne de Feuchères. Toutes ces causes réunies dégoûtèrent-elles le prince d'une vie que tant de malheurs avaient déjà si cruellement agitée? Le dernier des Condé attenta-t-il lui-même à ses jours? On l'ignore encore.

Quoi qu'il en soit, le **28** août au matin, la première personne qui entra dans la chambre du prince
le vit pendu à l'espagnolette de sa fenêtre : ses genoux
étaient repliés sous lui ; deux cravates blanches de ba-
tiste nouées l'une après l'autre lui avaient servi de corde.
Une chaise gisait renversée comme si une lutte avait
eu lieu. Le lit était défait et sous l'oreiller on trouva un
mouchoir auquel, la veille, le prince avait bourgeoi-
sement fait un nœud comme il en avait l'habitude,
quand il voulait se rappeler quelque chose pour le
jour suivant. Cette petite circonstance, qui parut insi-
gnifiante, nous semble bien prouver que le prince
n'avait pas l'intention de se tuer, qu'il avait au contraire l'idée de vivre le lendemain. Quoi qu'il en soit,
la justice qui d'abord avait accusé Madame de Feuchères déclara bientôt qu'il n'y avait pas eu assassinat
mais suicide. Malheureusement pour Madame de Feuchères, le prince lui laissait par testament toute la
forêt de Montmorency et le château de Saint-Leu.

De plus, quelques jours avant son suicide, puisque
suicide il y a, le prince avait manifesté l'intention de
changer son testament.

Aussi quand Madame de Feuchères vint pour habiter sa nouvelle demeure, fut-elle si mal reçue qu'elle
fut forcée de repartir immédiatement et de renoncer à
remplacer la reine Hortense dont elle avait peut-être
un instant songé à détrôner le souvenir.

La baronne de Feuchères vendit bientôt ce château
où elle ne pouvait s'attendre à vivre en paix, à un bi-
joutier de Paris, Fontanille, qui, habitué à sa boutique,
se trouva un peu gêné dans cette princière résidence.
Un sieur Vidal voulut bien reprendre son marché,
mais cette vaste propriété nécessitait d'énormes dépenses, que ne comportait pas la fortune d'un simple
particulier, aussi Vidal le vendit-il presque immédiatement à une bande noire composée de quatre
habitants de Saint-Leu, Bonnet, Leduc, Broussin et
Morisset, qui morcelèrent le parc et démolirent le château [1]. Seules, les écuries furent épargnées ; elles exis-
tent encore, mais bien que travesties en maisons de
campagne, on reconnaît encore leur destination primitive.

Le château a été si complétement rasé, qu'il n'en
reste plus une pierre ; tous les beaux arbres du parc
ont été abattus ; les belles eaux qui alimentaient jadis
des cascades et des rivières, font aujourd'hui la fortune d'un établissement de bains publics ; le parc n'est
plus qu'un vaste assemblage de champs et de vignes.
On dirait vraiment qu'une révolution a passé par là.

1. Il y avait dans une aile du château de Saint-Leu un petit théâtre
où Madame de Genlis fit jouer en 1786 par son élève le duc de Chartres (plus tard Louis-Philippe) diverses comédies enfantines. En 1814,
les notables de Saint-Leu furent convoqués par la reine Hortense pour
assister au début sur ce même théâtre d'un jeune enfant qui est aujour-
d'hui l'empereur des Français.

7

Quand on sort du village de Saint-Leu et qu'on suit quelques instants la route dite du Château qui mène à la forêt, on voit à droite un petit enclos entouré de buis et d'arbres verts : au milieu, sur un socle de pierre s'élève une simple croix de marbre : là était le château de Saint-Leu, là tomba le dernier des Condés.

En 1852 le président de la République, qui allait bientôt devenir l'empereur des Français, fit en partie à ses frais, en partie à ceux de la commune, reconstruire la vieille église de Saint-Leu : au-dessous du monument, dans un caveau simple, mais de mauvais goût, reposent à côté de Charles Bonaparte les corps du fils aîné et du mari de la reine Hortense.

Les premières années l'empereur assista au service funéraire célébré en l'honneur de son père : plus tard il se fit représenter par le maréchal Vaillant ; l'année dernière un simple chef de division, d'un ministère quelconque, représentait le souverain.

Du reste, la cérémonie n'en est pas moins touchante : l'ombre de Louis Bonaparte peut contempler les pompiers de l'arrondissement, les médaillés de Sainte-Hélène, et si les morts nous entendent comme on dit qu'ils nous voient, le roi Louis de Hollande peut s'enivrer de l'air national du jeune et beau Dunois, qui doit du moins rappeler à sa mémoire une épouse tendrement aimée.

Quant au monument du pauvre prince de Condé,
il ne reçoit pas les hommages d'une foule enthousiaste :
les médaillés de Sainte-Hélène ne vont pas déposer
tout autour leurs couronnes et leurs regrets. La simple
croix reste toujours dans sa mélancolique solitude :
parfois seulement un promeneur s'arrête, et donne
quelques regrets à ce malheureux prince, qui après
avoir passé sa vie en exil, après avoir vu son fils unique, victime d'un infâme guet-apens, tomber sous des
balles françaises, repose aujourd'hui sur un sol dont
sa famille est proscrite. Pauvre prince ! Même après sa
mort, le destin s'est acharné contre lui : et il a voulu
que le père du duc d'Enghien fût couché côte à côte avec
le père et le frère de Napoléon Bonaparte pour dormir
de ce terrible et dernier sommeil dont les hommes ne
doivent se réveiller qu'au moment où le monde pourri
tombera en poussière, tandis qu'à l'horizon de l'im-
mensité se lèvera, comme un nouveau soleil, la justice
de l'Eternel !

1. En terminant l'histoire de Saint-Leu, rendons hommage au courage de ses habitants ; en 1815, lors de l'invasion, ils décimèrent une
bande de Cosaques qui avaient voulu exprimer trop vivement aux Françaises l'admiration qu'elles leur causaient. Les corps de ces Cosaques,
victimes de leur galanterie, sont enterrés derrière l'église de Saint-Leu.

XII

Le château du Mail (Cernay-Ermont).

A l'extrémité sud du pays de Thor, tout près de l'antique église d'Ermont, on voyait jadis un vieux château, le Mail, qui porta plus tard le nom de Cernay. Sous les Mérovingiens, le Mail était un de ces domaines royaux, vaste assemblage d'édifices en bois qui renfermaient dans leur enceinte, outre la demeure du prince décorée de portiques romans, des logements d'officiers, de soldats, et d'esclaves occupés à toutes sortes de métiers. Il y eut même au Mail un atelier monétaire, où travaillaient des serfs royaux, et qui fonctionna assez longtemps.

Vers 1200, Philippe-Auguste fit don de ce domaine à l'ordre du Temple dont il avait apprécié les services en Palestine et qui n'inspirait pas encore d'ombrage au pouvoir royal. Mais cent ans plus tard, le succes-

seur de Philippe-Auguste, Philippe le Bel, ayant eu
besoin d'argent et ne sachant trop où en trouver,
n'imagina rien de mieux que d'envoyer les Templiers
à l'échafaud et au bûcher comme coupables de haute
trahison, d'hérésies, de vices infâmes, etc., crimes qui
entraînaient tous la confiscation au profit du trésor
royal. Cependant, comme c'était de l'argent et non des
terres, (elles n'étaient pas alors bien rares en France),
que convoitait Philippe le Bel, il rendit bientôt le Mail
aux chevaliers de l'ordre de Saint-Jean de Jérusalem
(plus tard Malte) qui en firent une importante forteresse.
Tout ce dont l'ordre jouissait « à ħeremont, au Plessys,
à Cennoix, à Taverny, à Thor, aux Maux-buissions,
au carrefour Saint-Prix, au bois de l'ħopital, à la croix
aux bouviers, aux blanches plantes estoit dans la mou-
vance du chastel de Cernay. » (Registre terrier de
l'ordre de Malte). On donnait déjà au Mail le nom de
Cernay.

Pendant la guerre de Cent ans, le château fut pris
et dévasté par les Anglais. A peine venait-il d'être
restauré qu'une bande de voleurs s'en empara (1498),
après l'avoir assiégé suivant toutes les règles de l'art,
ce qui démontre évidemment que l'organisation de la
police était alors beaucoup moins perfectionnée que de
nos jours. Néanmoins il faut dire à la décharge du
prévôt de la vicomté de Paris que peu de jours après
la plupart des voleurs étaient arrêtés dans les cabarets

de Saint-Denis, jugés sommairement, et menés devant
le château de Cernay, où une vingtaine furent pendus
le long de la route à d'excellents gibets bien construits,
bien solides, et disposés en face du château en forme
d'avenue : l'arrêt du prévôt de Paris déclarait en outre
que les corps resteraient attachés à ces gibets jusqu'à
ce qu'ils tombassent en poussière, afin de servir
d'exemple. C'était fort bien ; seulement ladite avenue,
composée de potences garnies de leurs accessoires
ordinaires, ôtait beaucoup d'agrément au séjour de
Cernay. Le chevalier de Saint-Jean qui l'avait à titre
de bénéfice, ne voulut plus y mettre les pieds, et
l'ordre chercha longtemps un locataire pour son domaine sans pouvoir en trouver un seul. Cependant au
bout de quelques années, un lieutenant criminel du
Châtelet de Paris, maître Chenu, qui, grâce à sa position, n'éprouvait pas trop de répugnance pour le
lugubre voisinage des gibets, consentit à s'installer
dans le manoir, heureux d'y jouer au seigneur châte-
lain ; mais sa digne moitié n'appréciait nullement cette
habitation délabrée des fenêtres de laquelle on voyait
se balancer les squelettes des vingt bandits, lugubres
épouvantails qui s'entre-choquaient au moindre vent.

Bref, probablement à la suite de terribles querelles
d'intérieur, le lieutenant criminel, locataire infortuné,
en fut réduit à abandonner ce gai séjour ; mais il n'était
pas au bout de ses peines : le château, n'étant pas entre-

tenu, tomba en ruines, les vagabonds de tous les pays
d'alentour y venaient passer les nuits, non sans un
notable dommage pour l'édifice; si bien que maître
Chenu, ancien procureur, lieutenant criminel de la
prévôté et vicomté de Paris, conseiller au Petit-Châtelet,
qui avait tant fait condamner de locataires récal-
citrants, se vit contraint de payer lui-même à l'ordre
de Malte propriétaire de l'immeuble, 400 livres tournois
d'indemnité, sans préjudice des réparations nécessaires
qui devaient se faire à ses dépens. (1534.)

Malgré tout, le château étant en fort mauvais état,
le grand prieur de France loua séparément les terres
qui en relevaient : Alexandre de Vendôme, le grand
prieur de bachique mémoire, consentit même à plusieurs aliénations, entre autres à celle du Petit-
Cernay qui se trouve aujourd'hui faire partie du territoire de Sannois.

Sous Louis XIV, le château n'était plus qu'une
grande masure délabrée, à peine habitable, qu'on
désignait sous le nom de ferme auxerroise, à cause
de certains plants de vignes transportés d'Auxerre à
Cernay par les soins du prieur de Vendôme[1], grand
amateur des vins de Bourgogne. Robert Grindel,
bourgeois de Paris, tenait à bail ces bienheureuses

1. Le goût du grand-prieur pour le vin d'Auxerre était du reste très-
répandu. « Auxerre est la boisson des rois, » dit une vieille chanson à
boire du dix-septième siècle.

vignes qui de nos jours ressemblent beaucoup (malheureusement pour leurs propriétaires) à leurs voisines
d'Argenteuil.

Dans les premiers temps de la Régence, un riche
fermier-général, Melchior Blair, se fit céder par l'ordre
de Malte le domaine de Cernay et les censives d'Ermont ; et bientôt un habile architecte, les écus de
Melchior aidant, transforma la ferme auxerroise en
un élégant château. M. Blair de Boizemont, conseiller
au parlement de Paris, hérita de son père des seigneuries d'Ermont et de Cernay, et, plus heureux que bien
d'autres, il n'en fut pas dépouillé par la Révolution.
Peu de temps après sa mort (1809), Cernay fut vendu
par ses sœurs. Un entrepreneur de bâtisse, Chéronnet,
s'en rendit acquéreur et le loua successivement à plusieurs riches personnages, entre autres à Collot, opu-
lent banquier qui fut sous l'Empire fournisseur des armées, et sous la Restauration, directeur de la Monnaie.
Il y a environ trente ans que le château de Cernay a été
démoli : le chemin de fer du Nord passe maintenant
sur l'emplacement de l'ancien édifice. Des dépendances
coquettement arrangées, on a fait un petit castel qui
porte le nom de Cernay et qui profite des beaux om-
brages de l'ancien parc seigneurial.

Au moyen âge, entre le village et l'église, s'était
petit à petit fondé un village, mais qui était bien loin
d'avoir l'importance du bourg moderne d'Ermont.

Ermont est un riche et gai pays, bien propre et tout neuf; mais en revanche il ne renferme aucun monument intéressant, sauf cependant l'église qui est extrêmement ancienne (elle était déjà vieille du temps de Philippe-Auguste). Par malheur on vient de la restaurer, et un certain portail qui est bien de style ogival, mais qui est aussi de couleur beurre-frais, lui a ôté beaucoup d'originalité. Ermont a pris un grand développement depuis qu'il est devenu le point de jonction des deux lignes du Nord et de l'Ouest. Tout autour de la station, on a vu pousser comme par enchantement de nombreuses villas riches et élégantes : quelques-unes surtout, de style rococo-gothico-chinoiso-mauresque, excitent l'admiration des populations rurales et font le bonheur des artistes qui visitent parfois la vallée de Montmorency.

XIII

Taverny et ses fiefs.

Taverny remonte à une haute antiquité : il tire son origine des cabarets qu'avait attirés le camp de César situé à cet endroit. Les cabarets s'étaient vite transformés en village, et à l'époque de la conquête franque, nombre d'habitants des environs vinrent chercher à Taverny le refuge que leur assuraient les doubles fossés et les épais talus du camp de Jules César. Ces camps romains, surtout ceux qui rentraient dans la catégorie des *castra stativa,* servirent jusqu'à l'époque de la guerre de Cent ans, d'asile aux populations de nos campagnes qui y trouvaient un refuge suffisant contre ces bandes pillardes qui accompagnent toujours les armées, et qui sont beaucoup plus dangereuses pour les pauvres paysans que les troupes régulièrement organisées.

Sous les Mérovingiens, Taberniacum fut donné en alleu à un leude du roi, nommé Gontauld, qui, pour s'assurer une part de paradis, le légua à l'abbaye de Saint-Denis. Mais les alleux, à la mort de leur possesseur faisaient retour au roi; aussi Ebroïn, maire du palais, prétendit-il le garder pour lui; il ne fallut rien moins qu'une bonne maladie pour le décider à en restituer une partie aux pauvres moines de Saint-Denis; et encore concéda-t-il le reste à titre précaire à plusieurs seigneurs de ses amis, dont l'un portait un nom qui devint plus tard légèrement comique, Géronte.

Cependant sous Pépin le Bref, en 754, l'abbaye de Saint-Denis rentra en possession du reste des terres de Taverny, dont jouissait alors un seigneur de race franque, Teutdebert. Mais peu de temps après elle fut forcée de les rétrocéder à la maison de Montmorency qui les incorpora à ses domaines. Et dès lors l'histoire de Taverny se confond avec celle de la baronnie de Montmorency, que nous n'avons pas l'intention de raconter ici, resserré dans les étroites limites que nous nous sommes imposées [1]. Mais de

1. A l'extinction de la maison de Montmorency, les princes de Condé cédèrent les censives de Taverny à la famille de Leclerc de Lesseville, qui déjà possédait Saint-Leu. Les censives de Taverny appartinrent ensuite à Marie Juillet, dame de Franconville, puis au moment de la révolution, au fermier-général La Borde.

Taverny proprement dit, relevaient nombre de petits
fiefs, qui ont chacun leur petite chronique, et qu'en
notre qualité d'historien scrupuleux et amoureux des
minuties, nous n'avons pas voulu laisser de côté.

A tout seigneur tout honneur : nous commencerons par le fief du Plessis-Beauregard sur l'emplacement duquel s'éleva au moyen âge un des châteaux
de la maison de Valois.

LE FIEF DE PLESSIS-BEAUREGARD

Dès la fin du treizième siècle il existait à Taverny un
château fort appartenant aux rois de France, et qui
fut maintes et maintes fois habité par ses puissants
maîtres, ainsi que l'attestent de nombreuses chartes
signées par Philippe le Bel, Philippe le Long,
Charles IV, Philippe de Valois et Jean II, toutes datées
du château de Taverny, près le Parisis. Des cinq princes
que nous venons de nommer, Jean II semble être celui
qui a le plus affectionné le manoir de Taverny : pendant
toute sa jeunesse, ce fut sa résidence d'été; la forêt
était le théâtre habituel de ses chasses et de ses caval-
cades, et un petit bouquet de bois appelé encore le

bouquet du roi Jean est là pour attester le séjour en ce pays du glorieux vaincu de Poitiers.

En juin 1355 Jean, alors duc de Normandie, tomba gravement malade au château de Taverny : déjà les médecins désespéraient de le sauver, les reliques de Saint-Denis apportées par les moines de l'abbaye royale auprès du lit du malade étaient restées impuissantes, lorsque le roi Philippe de Valois fit vœu d'aller à pied en procession de Taverny à Saint-Denis, si Mgr Sainct-Denys rendait la santé à son fils. Le saint se laissa toucher, Jean guérit, et le roi accompagné de toute sa cour se rendit processionnellement à l'abbaye, en suivant dévotement les reliques du saint et en chantant les litanies.

Jean II fut, croyons-nous, le dernier prince qui dût résider à Taverny. Ses successeurs forcés ou, comme Charles V, de se renfermer dans Paris, ou, comme Charles VII de se retirer derrière la Loire, avaient à penser à d'autres choses qu'à la chasse, sans compter que le séjour de Taverny n'eût pas toujours été très-sûr pour les rois de France, à cause de la proximité du Vexin alors aux mains des Anglais. Ajoutez à cela que Taverny avait eu fort à souffrir des longues guerres du quatorzième siècle, et qu'il ne paraît pas probable que les routiers et les Écorcheurs eussent laissé un château royal sans le saccager quelque peu.

Quoi qu'il en soit, Louis XI ne le garda pas : il le donna à Antoine de Chabannes-la-Palisse, comte de Dammartin, qui, après avoir été l'ennemi acharné de Louis, dauphin de Viennois, devint le serviteur dévoué de Louis roi de France.

Ce Chabannes est le véritable type du guerrier du quinzième siècle, toujours brave, souvent habile, quelquefois fidèle. Louis XI avait bien su démêler tout ce qu'il pourrait tirer d'utile de cet ancien chef des Écorcheurs ; aussi n'épargna-t-il rien pour l'attacher à son service : outre le château de Taverny qui ne valait pas grand' chose, il lui assura 52,200 livres de rente, somme énorme alors : car Louis XI étant dauphin ne recevait de son père que 50 écus par mois, et encore tout le monde sait que Charles VII était un roi généreux (du moins pour Agnès Sorel).

Voilà donc Chabannes propriétaire du chastel de Taverny ; mais c'était décidément une triste résidence, car le nouveau maître s'empressa de s'en débarrasser en le donnant en dot à sa fille, qui épousait le baron de Montfaucon, un nom prédestiné, car le brave gentilhomme fut plus tard condamné à être pendu au gibet de Montfaucon.

A partir de ce moment nous n'avons plus de renseignements sur le malheureux manoir jusqu'au règne de Henri IV, où il fit retour au duc de Montmorency, mais dans quel état, bon Dieu ! Le propriétaire lui-même le qualifie de ruine et de masure, et le cède immédiatement à dame Isabelle Hurault, qui fut séduite apparemment par le beau nom de fief du Plessis-Beauregard que le duc Henri de Montmorency donna aux *six arpents et demi, à la tour semi-ruinée et à la masure* qui étaient les derniers restes de l'ancien château royal des Capétiens et des Valois. Pendant quelques années la famille Hurault qui résidait à Rubelle, conserva le Plessis-Beauregard sans beaucoup s'en occuper : elle le recéda à un bourgeois de Paris, qui, tout fier de posséder un emplacement consacré en quelque sorte par le séjour de ses souverains, dépensa toute sa fortune à faire construire une demeure digne du château des rois ses prédécesseurs, si bien qu'il fut avant même de l'avoir achevée, forcé de la revendre à Pierre Chauchat, sieur de Vigny, bourgeois de Paris, célèbre pour avoir donné son nom à une rue dont, grâce à M. Haussmann, il ne reste guère plus de vestiges que du vieux château de Taverny-lez-Beauregard.

BOISSY.

Au commencement du treizième siècle une fille de la maison de Montmorency reçut en dot la garenne et

la seigneurie de Boissy, comme franc-fief relevant de
la grosse tour de Montmorency. En **1343**, Boissy appartenait à l'église de Sainte-Geneviève de Paris. On
voit que cette propriété est d'une antiquité respectable.
Après avoir été sous la Restauration un des rendez-
vous de chasse du prince de Condé, elle est devenue
la résidence d'été de la famille Lefèvre-Pontalis :
c'est une des rares grandes terres du pays.

MONTUBOIS.

Le domaine de Montubois comprenait autrefois une
chapelle dédiée à saint Christophe, une ferme, une tour
ruinée, quelques masures, appelées les Maisons au
pauvre monde, et environ cent arpents de bois; le tout
ne devait pas être d'un grand rapport. C'était cependant un arrière-fief de France, une véritable seigneurie
qui fut pendant longtemps possédée par une longue
suite de maîtres nobles et puissants.

Et d'abord, du temps qu'il y avait encore un pays
de Rémollée, c'était avec Bouffémont et tout le nord-
ouest de la forêt, l'apanage de la famille Tirel. (Voir
le chap. Iᵉʳ.) En **1253**, Hugues Tirel, chevalier, n'a

8

plus Bouffémont, mais il est encore seigneur de Montubois, et relève, non du baron de Montmorency, mais
de l'abbesse de Maubuisson, dame de Bessancourt.

Après lui, nous trouvons comme seigneurs et maîtres de Montubois les sires d'Orgemont, famille illustre
originaire de Bourgogne, mais qui possédait déjà dans
les environs les seigneuries de Méry, Ménil, Jaucourt,
Ezanville, etc. Pierre d'Orgemont, chevalier, seigneur
de Chantilly et de Méry, chancelier de France et du
Dauphiné, acheta, en 1385, la terre de Montubois, qui
devait rester dans sa famille plus de deux cents ans.
Voici la liste des membres de la maison d'Orgemont,
qui ont successivement possédé Montubois :

Guillaume d'Orgemont, nommé en 1390 maître
enquesteur des eaux et forêts de Monseigneur Louis de
France, duc d'Orléans.

Philippe d'Orgemont, chevalier. Ce fut ce Philippe
qui contribua à la défaite des Anglais au Bois-Saint-
Père. (Voir plus haut.)

Marie Boucher, douairière d'Orgemont, femme du
précédent. (La famille Boucher possédait les fiefs du
grand-hôtel de Sannois, de Piscot, de Chauffourt, etc.)

Charles d'Orgemont, chevalier, seigneur de Méry,
Poix, Ezanville, etc., chambellan du roi et grand trésorier de France.

Pierre d'Orgemont, chambellan du roi Charles VIII.

Emery d'Orgemont, seigneur de Méry, etc., chambellan et échanson du roi (1527).

Claude d'Orgemont, grand échanson du roi Henri III.

Claude n'eut qu'une fille, Guillemette, qui, après avoir hérité de tous ses biens, épousa François des Ursins, marquis de Trainel, descendant du célèbre Juvénal des Ursins.

Ce marquis de Trainel était à la fois grand chasseur et grand partisan du roi Henri IV. Ces deux goûts lui avaient valu la capitainerie de Pierrefonds et de la forêt de Compiègne. Mais les chasses dans la forêt occupaient messire de Trainel bien plus que les rondes sur les murailles. Aussi, un beau jour qu'il était sorti pour aller courre un dix-cors, un gentilhomme ligueur, Antoine de Saint-Chamans, s'introduisit dans la place avec quelques centaines de reîtres, s'y établit solidement, et quand M. de Trainel, capitaine de la cité et du château de Pierrefonds, voulut rentrer dans sa bonne ville, il trouva les portes fermées. Alors, au désespoir d'avoir perdu par négligence une place qui lui avait été confiée par le roi, et se voyant réduit à jouer le rôle ridicule de gouverneur sans gouvernement, il fit offrir à Saint-Chamans de lui abandonner en toute propriété ses seigneuries de Montubois, de Méry et de la Chevée, à condition qu'il le laisserait rentrer dans Pierrefonds. Saint-Chamans, dont les convictions politiques ne nous paraissent pas avoir été bien fortes, accepta ces avantageuses propositions, et voilà comment, si la Ligue ne conserva pas Pierrefonds, Saint-Chamans, en revanche, prit la qualité de seigneur de Montubois.

Les héritiers d'Antoine de Saint-Chamans vendirent la terre à dame Nicole Boutterone, femme de Leclerc de Lesseville, seigneur de Leumont et de Saint-Prix en partie (1698).

A Nicole Boutterone succéda, en 1735, Marie Juillet, dame de Franconville, qui avait épousé Alexandre, comte de Longaulnay, et marquis de Bauvoir en Bourbonnais. Ce fut de Madame de Franconville que Jean-Joseph de la Borde acquit, en 1773, les huit fiefs de Montubois, Taverny, la Chevée, le Haut-Tertre, la Sablonnière, Nantouillet, la Noue et Vaucelles. Ce la Borde, bien que d'une très-basse naissance, était arrivé, grâce à la protection de Joseph II (la maison d'Autriche a toujours protégé les banquiers dont elle a souvent besoin), à la dignité de comte du saint-empire. Trompés par ce titre de comte, les conventionnels prirent la Borde pour un véritable noble, et l'envoyèrent à l'échafaud malgré ses protestations.

Depuis la Révolution, il n'est plus question du fief de Montubois : la chapelle de Saint-Christophe, qui, en 1547, fut érigée en cure dont le patronage appar-

tenait au dùc de Montmorency, a été démolie; les deux
masures et la tour ruinée ont disparu; il ne reste plus
que la ferme qui, malgré les dimensions modestes
qu'elle a actuellement, eut néanmoins un passé qui
n'est pas sans quelque illustration.

Cette ferme fut acquise en 1597 d'Antoine de
Saint-Chamans, homme dépourvu de convictions politiques, mais avide d'argent et souvent géné dans ses
affaires, par Michel Sonnius, fameux libraire de Paris.
Sonnius, voulant témoigner sa reconnaissance aux
belles-lettres qui l'avaient enrichi, fit don, en 1620,
de tout ce qu'il possédait aux Jésuites du collége de
Clermont (aujourd'hui collége Louis-le-Grand). En
1653, le curé de Bessancourt, qui avait la jouissance
de la chapelle de Saint-Christophe, la céda aux pères de
la Compagnie de Jésus, avec l'assentiment du prince
de Condé, héritier des droits de patronage du duc de
Montmorency. La ferme de Montubois fut confisquée
et vendue comme bien d'émigré en 1789.

LE HAUT-TERTRE.

Il y a quelques années, on voyait encore sur la
côte qui domine Saint-Leu, un grand parc appelé le
Haut-Tertre, qui avait remplacé un ancien fief du

même nom. Donné par le baron de Montmorency, en 1120, à un de ses fils nommé Fulchard, déjà possesseur du vivier Bourdon, ainsi que du moulin de Saint-Leu, le Haut-Tertre passa, en 1280, dans les mains de Pierre le Maire, écuyer. Jean le Maire (1330), son fils, puis Michel Glave (1350), en furent successivement seigneurs. En 1465, il fut acheté par Pierre de Lange, orfévre, chargé de la garde de l'argenterie du roi Louis XI, qui possédait déjà un hôtel dans la rue du Moutier de Saint-Leu, et cette terre resta dans sa famille jusqu'en 1630, époque où un Cossart, marchand de drap à Paris, en fit l'acquisition. D'après les différents titres que prirent successivement les membres de la famille Cossart, on peut voir comment une famille bourgeoise s'élevait petit à petit à la noblesse. Nous avons donc d'abord Cossart, espicier en 1600, puis Cossart, marchand de drap en 1630; son fils Cossart III, n'est déjà plus commerçant, mais bien bourgeois de Paris, et membre du conseil de ville; enfin, le petit-fils, Denis Cossart, ajoute à son nom la qualité tant désirée d'écuyer, seigneur du Haut-Tertre, et peut dans tous les actes faire précéder son nom du mot magique : messire.

A l'extinction de la famille Cossart, le fief du Haut-Tertre, augmenté de la terre nommée la Sablonnière, fit retour à Marie Juillet, dame de Franconville, qui possédait à Saint-Leu certains droits seigneuriaux;

mais Madame de Franconville ne garda pas le Haut-Tertre; elle le céda presque immédiatement au financier la Borde, qui voulait créer à Taverny une grande propriété, ainsi que nous l'avons déjà vu à propos de Montubois. Après avoir été vendu comme bien national, le Haut-Tertre devint, sous la Restauration, la demeure favorite de Dubarret, archéologue distingué; puis, à une époque plus récente, il appartint successivement à M. Huet et à M. Godart, qui l'a vendu à la Compagnie d'assurances générales. Ladite compagnie n'a pas respecté le vieux fief, qui est aujourd'hui entièrement morcelé.

MONTAUGLAN.

Le fief de Montauglan[1] existait dès le treizième siècle, mais il n'y avait pas encore de château de Montauglan. Guillaume Sanguin, chanoine de Paris, seigneur de Bethemont et baron de Maffliers, y fit construire, en 1420, un hôtel seigneurial dont il reste encore une grosse tour devenue colombier. Le fief

1. Le fief de Montauglan fut, à plusieurs reprises, incorporé comme arrière-fief à la baronnie de l'Ile-Adam. Il avait pour armes : d'argent à trois glands de chêne de sinople.

passa ensuite dans les familles Boileau de Persan et Thomassin. René Thomassin rendit hommage, en 1590, au sire de la Fayette (ancêtre du fameux la Fayette), pour ses terres de Bethemont et de Montauglan qui relevaient de la baronnie de Maffliers, alors aux mains des la Fayette.

Mais si le sire de Montauglan avait un suzerain, il avait aussi des seigneurs pour vassaux. Entre autres le seigneur du fief de la Cour-aux-Chevaliers, à Bethemont, qui lui devait, outre l'hommage, quatre sols de rente, un chapon et une mine d'avoine, le tout payable à la Saint-Martin d'hiver.

Sous Louis XIV une famille le Comte possédait Montauglan; Charles le Comte le vendit à Potier, marquis de Novion, qui fit une ferme de l'hôtel seigneurial. Montauglan était éclipsé par le nouveau château de Bethemont, où habitèrent successivement le marquis de Novion, le comte de Montmorency-Luxembourg, et enfin le prince de Conti qui en avait fait un vide-bouteille, souvent assez mal fréquenté, dit la chronique locale.

Un des actes de vente relatif à Montauglan et qui date de 1739, porte les signatures de François Mérimée, de Domont, tabellion, et de Sainte-Beuve, bailli du seigneur de Baillet. Nous ignorons si les deux écrivains qui portent aujourd'hui ces noms sont des descendants de ces honorables fonctionnaires.

LE FIEF DE GLAINE.

Ce fief fut concédé en 1400 à N. Glaine, épicier,
bourgeois de Paris, par le sire de Bussy ; il appartint
successivement à la famille Glaine, puis à Vivien,
trésorier du duc d'Elbeuf, parrain de la rue Vivienne,
puis enfin à Chauchat, également parrain d'une autre
rue à Paris. La famille des Bussy, seigneurs en partie
de Baillet, prétendait exiger l'hommage féodal pour
ce fief, mais un arrêt du parlement en date de 1660 dé-
bouta les de Bussy de leurs prétentions, et déclara que
la terre de Glaine relevait directement du duché de
Montmorency.

LES ÉCUYERS DE JULLY.

L'air de Taverny était au moyen âge très-favorable
à la constitution des épiciers parisiens. En voici encore un (c'est le troisième), Spifaine qui, en 1398,
achète la terre noble des écuyers de Jully, et a pour
successeur un collègue, maître Bertillon, preud'homme,
marchand des espices, prunes et dragées du roi nostre
sire. A la fin du règne de Louis XIII, le fief tombe

dans de meilleures mains, et il fait partie de l'apanage
de messire Jean le Valois, écuyer, qui possédait déjà
une seigneurie (ou plutôt un droit seigneurial) assez
bizarre : il s'intitulait seigneur censier des eaux et
fontaines de la Villette. Outre cette aquatique seigneurie et la terre de Jully, Jean le Valois avait encore acquis le fief des Mallets qui touchait les écuyers
de Jully.

LES MALLETS.

La terre des Mallets, qui fut le plus souvent réunie
à la précédente, fut achetée en **1740** par Denis Rouen,
écuyer, officier de la maison du roi, ancêtre du baron
Rouen des Mallets, dont la famille possède encore
aujourd'hui cette propriété. L'ancien manoir a été
démoli : le château actuel est de construction moderne.

TERNAY.

Ternay était à la fin du seizième siècle un simple
domaine de roture, et ce ne fut que sous Louis XIV
qu'il fut érigé en fief en faveur du célèbre financier
juif Samuel Bernard qui, malgré sa religion, fut créé

comte par le grand roi. A Ternay se rattache une histoire assez bizarre, narrée dans quelques mémoires
du temps, et qui semblerait indiquer que Samuel Bernard n'était pas, malgré tous ses talents de finance,
exempt de superstition. Samuel Bernard était convaincu que son existence était attachée à celle d'une
poule noire d'origine mystérieuse, dont il prenait
naturellement le plus grand soin : c'était pour loger
l'estimable volatile qu'il avait acquis Ternay, et il ne
se passait pas de semaine qu'il ne quittât Paris, ses
affaires et ses plaisirs pour aller voir et consulter cette
Égérie d'une nouvelle espèce. Un jour, Samuel, en
arrivant, trouva toute la maison bouleversée : la fameuse poule noire avait disparu ! Samuel Bernard
repartit anéanti, et il mourut bientôt après[1]. Quelques
personnes prétendirent que le diable lui même était
venu prendre la poule qui était à n'en pas douter une
sorcière déguisée, d'autres accusèrent un chat de ce
rapt mystérieux; mais on n'a jamais su la vérité sur
cette ténébreuse affaire. Malgré cette tragique aven-
ture, le gendre de Samuel Bernard, un Molé, déjà
seigneur de Méry, ne craignit pas d'hériter du fief de
Ternay.

1. Si, comme on le prétendit généralement, Samuel Bernard avait
vendu son âme au diable (représenté par la poule noire), il faut avouer
que celui-ci fut un créancier bien complaisant, et qu'il ne pressa pas
trop l'échéance, car Samuel Bernard ne mourut qu'à plus de quatre-
vingts ans.

VAUCELLES[1].

Ce fief qui a donné son nom à une place située entre Taverny et Saint-Leu avait une certaine importance territoriale : il se prolongeait en forêt au-dessus du village voisin de Bessancourt et des terres de la dame abbesse de Maubuisson. Ce fief jadis donnait à son possesseur le droit de porter armoiries. Il est malheureux pour M. Valentino, l'ancien chef d'orchestre, et pour M. Denière, le célèbre fabricant de bronzes, modernes habitants de Vaucelles, de n'y être pas venus cent ans plus tôt. Ils auraient pu profiter dudit privilége.

La Tuyole, propriété de M. Guntzberger, est aussi sur l'emplacement de l'ancien Vaucelles.

Il y avait encore, à Taverny, les petits fiefs de la Chevée, de La Noue et de Lannes ou Launes ; mais nous ne savons absolument rien sur leur compte. Un autre fief, celui du prieuré, avait une origine ecclésiastique. Il comprenait outre la maison du prieur douze arpents de bois, deux pièces de vignes ; à ces

1. Les armes de Vaucelles sont d'argent au chef emmanché de gueules chargé de billettes d'or.

possessions territoriales s'ajoutaient nombre de droits censiers sur les maisons environnantes.

L'église de Taverny mériterait assurément un chapitre à part; mais l'abbé Lebeuf en a déjà donné dans son *Histoire du diocèse de Paris* une excellente description à laquelle nous renvoyons le lecteur. Seulement depuis le temps où écrivait l'abbé Lebeuf, l'église, classée parmi les monuments historiques de France, a été quelque peu restaurée. C'est un splendide spécimen d'architecture gothique qui, du reste, a déjà été maintes et maintes fois reproduit par la peinture et la gravure. Fièrement posée sur une colline escarpée, à l'entrée de la forêt, l'antique église de Taverny écrase sa voisine, la moderne église de Saint-Leu, qui n'est pas précisément du meilleur goût, et qui, de plus, est resserrée dans une rue sale et étroite.

Des hauteurs qui couronnent Taverny, on jouit d'une vue délicieuse : gais paysages, joyeuses habitations, charmants coteaux, tout couverts de verdure, tout ce qui peut plaire et charmer les regards se trouve rassemblé autour de Taverny. Le seul défaut peut-être de ces splendides points de vue était d'être un peu trop riant, mais grâce à la touchante sollicitude du gouvernement impérial, et en particulier du sieur Haussmann, préfet de la Seine, ce léger inconvénient disparaîtra bientôt : la gigantesque nécropole de Méry-sur-Oise va

s'étendre devant Taverny, et donner ainsi à la contrée
ce charme sévère et mélancolique qui jusqu'alors lui
faisait défaut. L'automne, quand les bois et les prés
jaunissent, quand le vent du crépuscule siffle lugu-
brement dans les branches à moitié défeuillées, les
habitants de Taverny pourront monter sur la colline
où s'élève leur église aux gothiques arceaux : de là,
ils verront à leurs pieds l'immense cimetière de Paris,
et cette vue leur inspirera de bonnes et saines idées
sur l'instabilité des choses humaines : la touchante
attention du préfet de la Seine ne peut manquer d'en
faire des chrétiens plus fervents et des citoyens.....
plus profondément attachés aux institutions impé-
riales.

TABLE DES MATIÈRES

—

Paris. — Typ. de Ch. Meyrueis, 13, rue Cujas. — 1889.

www.ingramcontent.com/pod-product-compliance
Lightning Source LLC
Chambersburg PA
CBHW071817090426
42737CB00012B/2123